AF279587

AZAR

DEL DOGMA A LOS HECHOS

José Muñoz Clares

2024

41592653589793238462643383279502884197169399375105
82097494459230781640628620899862803482534211706798
21480865132823066470938446095505822317253594081284
81117450284102701938521105559644622948954930381964
42881097566593344612847564823378678316527120190914
56485669234603486104543266482133936072602491412737
24587006606315588174881520920962829254091715364367
89259036001133053054882046652138414695194151160943
30572703657595919530921861173819326117931051185480
74462379962749567351885752724891227938183011949129
83367336244065664308602139494639522473719070217986
09437027705392171762931767523846748184676694051320
00568127145263560827785771342757789609173637178721
46844090122495343014654958537105079227968925892354
20199561121290219608640344181598136297747713099605
18707211349999998372978049951059731732816096318595
02445945534690830264252230825334468503526193118817
10100031378387528865875332083814206171776691473035
98253490428755468731159562863882353787593751957781
85778053217122680661300192787661119590921642019893
80952572010654858632788659361533818279682303019520
35301852968995773622599413891249721775283479131515
57485724245415069595082953311686172785588907509838
17546374649393192550604009277016711390098488240128
58361603563707660104710181942955596198946767837449
44825537977472684710404753464620804668425906949129
33136770289891521047521620569660240580381501935112
53382430035587640247496473263914199272604269922796
78235478163600934172164121992458631503028618297455
57067498385054945885869269956909272107975093029955

ÍNDICE

Primera edición, 2024

El editor no se hace responsable de las opiniones recogidas, comentarios y manifestaciones vertidas por los autores. La presente obra recoge exclusivamente la opinión de sus autores como manifestación de su derecho de libertad de expresión.

Quedan rigurosamente prohibidas, sin la autorización escrita de los titulares del Copyright, bajo las sanciones establecidas en las leyes, la reproducción parcial o total de esta obra por cualquier medio o procedimiento, comprendidos la reprografía y el tratamiento informático, y la distribución de ejemplares de ella mediante alquiler o préstamos públicos.

© José Muñoz Clares

© **DM**

ISBN: 978-84-19991-66-9
Depósito Legal: MU 520-2024

Edición a cargo de:

    Diego Marín Librero–Editor. S.L.
    Merced, 25.30001–Murcia
    Tfno. 968 24 28 29 / 968 23 75 78

Y tuve firmemente por cierto que, por este medio, conseguiría dirigir mi vida mucho mejor que si me contentase con edificar sobre cimientos viejos y me apoyase solamente en los principios que había aprendido siendo joven, sin haber examinado nunca si eran o no verdaderos.

R. Descartes

Discurso del método

Carezco de conocimientos específicos de matemáticas y física más allá de los usuales en quien cursó el bachiller. Este libro es, por tanto, un escrito en prosa en el cual un autor desarrolla sus ideas sobre un tema determinado con carácter y estilo personales, tal como la RAE define el término "ensayo".

Este trabajo no tiene pretensión académica alguna y no va precedido del usual "traslado de restos" consistente en estudiar cuanto otros han escrito sobre el tema de estudio elegido, en este caso el azar y la supuesta "falta de memoria" que matemáticos y físicos le atribuyen. En la medida en que no he encontrado argumentación fundamentada alguna sobre tal extremo, más allá de la unánime afirmación dogmática, ningún traslado de restos resultaba posible pues la ciencia coincide indolente y pacíficamente en la atribución de desmemoria al azar. La finalidad de esta obra se inserta en la inacabable discusión sobre lo que sea el azar, específicamente centrada en esa característica que la ciencia le viene atribuyendo: la desmemoria.

JoséMClares

Parque Regional de Sierra Espuña
Pliego (Murcia)

I. Cómo hemos llegado hasta aquí

Algunas casualidades que no me pareció que tuvieran sentido conjunto alguno despertaron en mí la inclinación a estudiar el azar, que se ha mantenido en forma de obsesión lúdica desde hace más de cuatro décadas hasta hoy mismo.

En febrero de 1983 encontré en un kiosco de prensa el primer número de la revista "CACUMEN"[1], autodenominada "revista lúdica de cavilaciones." Con una muy relevante participación de autores argentinos huidos de la dictadura de Videla, presentaba en clave humorística y con divertidas ilustraciones problemas lógicos y matemáticos que pronto los lectores empezaron a resolver con ayuda de ordenadores.

Unos meses antes, en agosto de 1982 se había lanzado al mercado el ordenador Commodore C-64, así llamado porque contaba con sólo 64 kilobytes de memoria para almacenamiento de programas y datos, ampliable por entonces a través de un lector externo de disquetes de 1,44 MB, de 3,5 pulgadas. Debí de comprar el ordenador y el lector de disquetes a mediados de 1983 y venía el C-64 acompañado de un manual de aprendizaje del lenguaje BASIC[2] escrito por el Dr. Mr. Andrew J. Th. Colin (UK, 1936-2018) un muy reputado profesor universitario de programación cuyos enormes

---

[1] Zugarto Ediciones S.A., Calle Espronceda nº 32, Madrid. Salieron al mercado 47 números, dejando de editarse en diciembre de 1986. Existen en internet diversos sitios web en que se conservan en formato pdf los 47 ejemplares publicados, descargables por el usuario.

[2] Beginners All purpose Symbolic Instruction Code (Código de instrucciones simbólicas universales para principiantes)

conocimientos de computación le permitieron escribir, entre otras obras académicas de gran nivel y reconocimiento, un manual didáctico y accesible dirigido a usuarios sin formación científica previa. A partir del aprendizaje del lenguaje BASIC empecé yo también a resolver los problemas lógicos y matemáticos traduciéndolos a programas en lenguaje BASIC ejecutables en el C-64, que no conservo, pero hace apenas tres años lo volvió a vender Amazon por poco más de cien euros, me lo compré y de vez en cuando lo uso, fundamentalmente por el tacto y sonido de sus teclas que me devuelven a los tiempos del aprendizaje.

Cualquier intento por mi parte de adentrarme en qué cosa fuera eso que llamamos azar se estrellaba contra la opinión de dos ingenieros informáticos y de un doctor en Química que acabó dedicándose profesionalmente a la programación; a los tres, amigos desde la infancia y hasta hoy los ingenieros y desde la adolescencia hasta la juventud (y no más allá) el químico, les planteé mis primeros balbuceos sobre el azar y los tres me contestaron de forma independiente y unánime que el azar no tenía memoria y que, por tanto, cuando se lanza una moneda al aire, da igual si se ha lanzado previamente diez o cien veces, la moneda mantiene siempre un 50/50 de probabilidades de salir cara o salir cruz pues la moneda –no ya el azar sino la misma moneda- presenta el mismo carácter que atribuyen al azar: la desmemoria. Estudiar el azar, me decían, no tiene futuro; todo lo más, sugerían, estudia matemáticas en el específico campo del cálculo de probabilidades.

Finalmente, durante el confinamiento de la pandemia de Covid, desde marzo hasta junio de 2020, acerté a redirigir la investigación al terreno de los decimales de π y acabé encontrando la página web angio.net[3], sin la que no me hubiera resultado posible "bucear" en los doscientos primeros millones de decimales de π, lo que no me habría dejado más alternativa que adentrarme de primeras en el terreno de la simulación de series pseudoaleatorias, perdiendo así la referencia de calidad estocástica que encontré en π, de la que surge lo que llamaré "patrón π de aleatoriedad" como referencia y punto de comparación con la pseudoaleatoriedad que produce el motor (RND más RANDOMIZE) propio del lenguaje BASIC, y los algoritmos de las casas de juego, tanto presenciales como online, que son conscientes de los sesgos que presentan sus algoritmos en contra de los intereses del jugador, pero ese extremo lo desarrollaré en un ensayo posterior dirigido a la aplicación práctica a un juego estocástico convencional como es la ruleta en general y, en particular, la ruleta electrónica. Pero ese será otro libro.

El lenguaje BASIC de cuando empecé a programar a primeros de los 80 constituye hoy un atavismo informático como lo sería escribir este ensayo en latín, y aunque se encuentra en la base de otros lenguajes de programación, en la enseñanza ha sido relegado al olvido en favor de la iniciación a la robótica. Yo, sin

---

[3] En angio.net encontrará el lector la posibilidad de buscar en ese amplio campo aquéllas sucesiones de dígitos que puedan representar números, letras, nombres propios, fechas y cuanto se le ocurra, siempre que sea susceptible de ser reducido a los dígitos que usa ⊚ en sus manifestaciones. Todas estas determinaciones las puede comprobar en la antes citada https://www.angio.net/pi/bigpi.cgi, interesantísima, fiable y, por encima de todo, amable y divertida de cara a su uso por cualquiera. En adelante ya sólo se citarán las posiciones que resulten especialmente significativas en relación con otras igualmente expuestas.

embargo, lo sigo utilizando por dos razones fundamentalmente: por la sencillez y claridad de sus comandos "de alto nivel" y por el carácter lineal del orden en que se diseñan y ejecutan sus programas, en líneas consecutivas numeradas, con un principio (RUN) y un fin (END) y no en la forma estructurada que se ha impuesto en lenguajes mucho más evolucionados.

El BASIC pertenece al grupo de los lenguajes "de alto nivel" porque sus sentencias y comandos están más próximos al lenguaje humano (RUN, PRINT, GOTO…), siendo de bajo nivel un lenguaje cuanto más cerca esté de las abrumadoras pilas de ceros y unos que son las que, en definitiva, utiliza la máquina (hardware) para ejecutar los programas (software). No hay aspecto valorativo en los términos alto y bajo nivel, al contrario: un lenguaje de bajo nivel es indicativo de mayor preparación y profesionalidad de quien lo utiliza. Los de alto nivel, como el BASIC, son más propios de principiantes o de meros aficionados, y han de ser traducidos (compilados) a código máquina (las abrumadoras pilas de ceros y unos) antes de ejecutarlos, lo que los hace más lentos en su ejecución. Así que aferrado a un atavismo inicié la andadura que me ha conducido a escribir este ensayo.

En el principio era Google

A partir de lo anterior, espoleado por el mantra recurrente "el azar no tiene memoria", acabé indagando sobre el azar a través de internet ("Azar definición"[4]) y accedí a una enorme cantidad de documentación al respecto desde cualquier ciencia que se sintiera concernida: físicos, matemáticos, programadores, sociólogos, genetistas, historiadores de la cultura, filósofos y otros muchos hablaban sobre el azar pero en ninguno encontré una definición que satisficiera mínimamente los requisitos de una definición científica, y menos aún el abordaje imprescindible en la ciencia como es la determinación de la naturaleza y propiedades del asunto estudiado, en este caso el azar.

Incapaz, por tanto, de facilitar al lector una definición de azar dirigí mi atención hacia diccionarios elementales del habla común, donde encontré primeramente que la RAE[5] define el azar como "casualidad, caso fortuito" y en una segunda acepción como "desgracia imprevista", ofreciendo sinónimos tales que ventura, albur, acaso, eventualidad, casualidad, fortuna, suerte, fatalidad o desgracia, que apuntan al carácter imprevisible de un suceso, sea éste malo o bueno, o directamente a su carácter adverso en cuanto desgraciado o fatal, pero ninguna mención a su naturaleza, como sí hace la RAE con el término "electricidad", a la que define como "propiedad fundamental de la materia que se manifiesta por la atracción o repulsión entre sus partes, originada por la

---

[4] Google arroja 31.300.000 resultados en 0,25 segundos. Queda invitado el lector a repetir la búsqueda e investigar por su cuenta.
[5] Real Academia Española (de la Lengua).

existencia de electrones, con carga negativa, o protones, con carga positiva". Como vemos, la define como "propiedad de la materia" y la califica de "fundamental", en el mismo sentido en que lo son la gravedad, el magnetismo y las versiones fuerte y débil de la energía nuclear, y además describe su específico modo de actuar a partir de la interacción de electrones y protones. La electricidad ha sido desentrañada por el esfuerzo común de los científicos y su uso se ha generalizado por el planeta mientras que del azar es más fácil enumerar lo que ignoramos –todo-, salvo esa extraña atribución de desmemoria en que coinciden los sabios de este mundo.

Del tiempo nos dice la RAE que es una "magnitud física que permite ordenar la secuencia de los sucesos, estableciendo un pasado, un presente y un futuro, y cuya unidad en el sistema universal es el segundo". Del azar, sin embargo, no aporta definición alguna, no dice qué es, cuál es su naturaleza, cómo actúa en nuestra existencia y cuál es la forma en que influye en los objetos físicos cuando sus expresiones dependen de un objeto –moneda lanzada al aire, bola de la ruleta…- ni cómo consigue que éstas no trasgredan los límites que, como veremos más adelante, tiene. Poco podemos esperar, por tanto, de diccionarios generalistas, por prestigiosos que sean, en lo que respecta a encontrar una definición de azar más allá de lo que nos facilita la RAE.

Wikipedia define el azar en matemáticas[6] como "series numéricas con la propiedad de no poder ser obtenidas

---

[6]

https://es.wikipedia.org/wiki/Azar#:~:text=El%20azar%20epistemol
%C3%B3gico%20es%20aquel,no%20existe%20el%20azar%20ontol%
C3%B3gico.

mediante un algoritmo más corto que la serie misma", es decir, que respecto del azar hemos de incluir lo definido en la definición –la serie-, por lo que ya no es una definición sino una exposición autorreferente –yo soy así, nos dice el azar señalando a la serie, que es señalarse a sí mismo-; nada define más allá de exponer la secuencia en que se materializa, se forme por la sucesión de resultados del sorteo de la ONCE o de la Lotería Nacional, lo constituyan los decimales del número π o de cualquier otro número que contenga una secuencia de decimales aleatorios, es decir, cualquier serie aleatoria, sea infinita o no.

En términos físicos, Wikipedia sostiene que el azar propio de un sistema indeterminista, en el que "no se puede determinar de antemano cuál será el suceso siguiente", es una dinámica "azarosa" y pone como ejemplo "la desintegración de un núcleo atómico"[7], calificando de sistemas caóticos aquellos que se dan en un sistema determinista impredecible, siendo así que, en principio, un sistema completamente determinista habría de ser predecible, a menos que aceptemos lo que dejó escrito Amós Tverski (Haifa, Israel, 1937, Stanford, California, 1996) en un folio que conservó con breves apuntes de una conversación que mantuvo con Daniel Kahnemann en la primavera de 1972; una de ellas resulta ser particularmente enigmática y significativa: "El hombre es un artefacto determinista metido en un Universo probabilistico"[8].

---

[7] Ibidem.

[8] *Deshaciendo errores*, M. Lewis, Debate, Penguin Random House, Barcelona 2017, p. 210. Que la editorial contenga el término Random en su nombre supone otra inesperada casualidad en la línea del tema de este ensayo.

En efecto, viajamos los humanos por el cosmos a bordo de un planeta sometido a las deterministas leyes de Newton, a la vez que tanto el planeta como nosotros, los pasajeros, estamos constituidos por una materia atómica y subatómica interferida por el principio de incertidumbre de Heisenberg (Wurzburgo, Imperio alemán, 1901, Múnich, Alemania, 1976), que afecta a todo el sistema y lo deja bajo sospecha de indeterminismo. De la interacción de esos impulsos contrarios surge todo lo que somos y todo lo que nos pasa. Lo extraño, por tanto, es que resultemos aproximadamente coherentes viniendo como venimos de una radical contradicción en los términos en lo referente al substrato material que nos constituye. Por eso la vida es todo eso que nos pasa mientras nosotros hacemos planes, tal como lúcidamente señaló John Lennon.

A título de breve *excursus* diré que con fundamento en el choque entre determinismo newtoniano e indeterminismo quántico, la ciencia penal europea, también la española, anda enredada en una división entre deterministas, negadores de la libertad, y libertaristas que, con excepciones[9] siguen reconociendo tal libertad, aunque anclados en terminología añeja como el "libre albedrío". A los deterministas negadores de la libertad de obrar, que no son otra cosa que neolombrosianos[10] en clave genética, acertó a calificarlos y descalificarlos en un mismo impulso el gran W. Hassemer

---

[9] Menores de edad, ciertos enfermos mentales, drogodependientes severos, entre otros.

10 Lombroso, consultar en Wikipedia, inició con *L´Uomo delinquente*, el entendimiento del delincuente nato, que en modo alguno podía escapar de su destino manifestado en su fisionomía externa. Hoy día no tiene seguidor alguno salvo quienes ven al delincuente nato relacionado con la genética.

(Gau-Algesheim, Alemania, 1940, Frankfurt am Main, Alemania, 2014) llamándolos "agrimensores de seres humanos"[11], es decir, herederos de la agrimensura sobre el delincuente que desencadenó Lombroso en su día. La discusión sigue abierta, avivada por aportaciones desde la psiquiatría (el Dr. Rubia[12] destaca por la contundencia con que niega la libertad de obrar del *anthropos*), la antropología, la neurociencia y otras ciencias más o menos próximas a los hechos que pretende regir el Derecho.

Retomando el hilo principal, en un diccionario de conceptos matemáticos dirigido a bachilleres encontré definido el azar de la siguiente forma:[13] "Decimos que un experimento o evento tiene azar cuando no es posible predecir su resultado", poniendo como ejemplo el hecho futuro consistente en anticipar si tal día lloverá o no, y afirmando que tal hecho "tiene azar" igual que lo tiene el lanzamiento de una moneda: "el resultado también tiene azar, pues puede ser sol o águila"[14]. Se trata de otra forma elusiva de definir el azar al incluir en la definición lo pretendidamente definido: los sucesos, humanos o naturales, "tienen azar" o no lo tienen, formando así una categoría de hechos o sucesos caóticos e impredecibles, muy distintos de otros que carecen de azar y resultan ser plenamente determinados, como es la sucesión que se da entre

---

11 *Neurociencias y culpabilidad en Derecho penal*, In Dret, abril de 2011, consultable   en http://www.raco.cat/index.php/InDret/article/view/241335/323926
12 Rubia, Francisco J., *El fantasma de la libertad*, Ed. Crítica, Barcelona 2009.
13 https://www.cepre.uni.edu.pe/assets/archivos/biblioteca/Diccionario%20Ilustrado%20de%20Conceptos%20Matem%C3%A1ticos.pdf.
14 El equivalente mexicano de nuestro cara o cruz.

pulsar un interruptor de un circuito eléctrico mal montado donde positivo y negativo confluyen, y provocar con ello un cortocircuito con consecuencias catastróficas para el sistema.

Por su parte, el *Diccionario de Filosofía* de Ferrater Mora, nos dice lo siguiente sobre el azar:

> Aristóteles proporcionó el primer análisis detallado del concepto de azar en la historia de la filosofía occidental. Después de examinar los cuatro diferentes tipos de causas (material, formal, eficiente, final), el Estagirita se pregunta (Phys., II 4. 195 b 30 sigs.) si hay otro tipo de "causa"). Por lo pronto, parece haber otros dos tipos: el azar (αυτοματον, traducido al latín por *casus*) y la suerte o fortuna (τύχη) traducido al latín por *fortuna*). Ambos tipos de "causas" se refieren a clases de acontecimientos que se distinguen de los ordinarios por un rasgo preeminente: la excepcionalidad. Ni el azar ni la suerte tienen que ver con cosas que acontecen "siempre" o siquiera "la mayor parte de las veces". Pero el azar y la suerte son causas "reales", si bien expresan un tipo de causalidad por accidente (*causa per accidens*). (…) La distinción entre azar y suerte corresponde *grosso modo* a la distinción entre lo que sucede "accidentalmente" en los fenómenos naturales y lo que sucede "accidentalmente" en los asuntos humanos. El que sea accidental excluye que sea necesario. Pero no implica que sea absurdo o inexplicable. Común al azar y a la suerte es el hecho de designar acontecimientos (excepcionales) que tienen lugar cuando se entrecruzan series causales independientes.[15]

Las características del azar, por tanto, parecen ser la excepcionalidad del hecho azaroso, de la que se sigue su

---

[15]   https://profesorvargasguillen.files.wordpress.com/2011/10/jose-ferrater-mora-diccionario-de-filosofia-tomo-i.pdf

imprevisibilidad, distinguiendo en el azar "la suerte", que es el azar aplicado a asuntos humanos, y el mismo azar aplicado a hechos y fenómenos naturales, apuntando claramente en la dirección de ser el azar el resultado de fenómenos complejos obedientes a múltiples causas, de modo que el azar, según vemos, sigue siendo un gran desconocido para los diccionarios de uso común, devolviéndonos a las series no susceptibles de ser explicadas por un algoritmo menor que la serie misma.

La falta de una definición sólidamente construida de lo que sea azar ha propiciado que en su entorno surjan propuestas apartadas de todo rigor y, en ocasiones, abiertamente imposibles aunque camufladas bajo un aspecto sugerente y engañoso, que han calado hondamente en lo que usualmente nombramos como imaginario colectivo.

Casino 18 de agosto de 1913

Si el lector, indagando en internet, introduce como argumento de la búsqueda "Casino 18 agosto 1913" dará inevitablemente con referencias a un hecho sorprendente que se dice acaecido tal día en el Casino de Montecarlo, en una de cuyas mesas de ruleta es fama –que no certeza- que salió 26 veces seguidas un número negro, e ilustra el suceso añadiendo en nota a pie de página que tal suceso "debería pasar una vez cada 66 millones de tandas de 26 tiradas"[16], es decir, sólo ocurriría, probabilísticamente hablando, tras mil setecientos dieciséis millones de jugadas que, a minuto y medio por jugada en la ruleta electrónica, exigiría estar jugando de forma

---

[16] https://www.evobanco.com/productos-inteligentes/inversion-rentable/ideas-de-inversion/reversion-a-la-media/

ininterrumpida durante poco más de quince mil años (15.277.7) en una partida que habría de haber empezado en el mesolítico, cuando aún los mamut poblaban Europa, y todavía hoy se estaría jugando. Esta referencia aparece en una publicación digital de 2019[17], fechada el 24 de septiembre, bajo membrete de banca EVO, cuyos profesionales se pronuncian de forma rotunda en tal sentido.

En otra página web, esta vez de la cadena de televisión La Sexta[18], fechada el 9 de septiembre de 2013, ya sólo se indica que tal hecho ocurrió en el verano de 1913 y sostiene que fueron 15 veces seguidas las que salió un número negro en una mesa de ruleta del Casino de Montecarlo.

También la prestigiosa BBC NEWS, sección MUNDO, en su edición digital del 17 de octubre de 2020[19], contiene un artículo en que refiere cómo "en 1913 una de las mesas de ruleta del Casino de Mónaco registró 26 negros seguidos", sosteniendo más adelante otra apreciación de índole probabilístico tan disparatada e insostenible como la de La Sexta: tanto si ha salido cara 500 como 5000 veces (sic), la probabilidad se mantiene constante (50/50) de que la siguiente vez salga cara de nuevo, precisamente por la falta de memoria que atribuye al azar. Lo anterior parece sugerir que una vez desencadenado un proceso azaroso cada lanzamiento pone el contador a cero

---

[17] Ibidem
[18] https://www.lasexta.com/tecnologia-tecnoxplora/ciencia/divulgacion/que-paso-aquella-noche-montecarlo-otras-falsas-creencias-juegos-azar_2013090857fc9a0b0cf2fd8cc6b0d7ea.html
[19] https://observador.cr/author/bbc-mundo/

y retoma la serie como si se tratara del primer lanzamiento una vez, y otra, y otra…

La nunca fundamentada atribución al azar de un carácter desmemoriado, cuyos demás aspectos se desconocen, de forma al parecer irremediable, se inserta en una tradición precientífica consistente en imaginar y no estudiar paciente y concienzudamente los hechos en el intento de desentrañarlos en vez de sustituir tal estudio por intuiciones más o menos afortunadas en su expresión. Si se consigue definir una entelequia con una frase que recuerde a un mantra o lejanamente a la expresión de un dogma, se producirá un "momento marketing" en la historia de las ideas muy difícil de desmontar posteriormente. Veremos cómo esto ocurrió con el azar y su desmemoria y también con ideas parásitas como la de los monos tipógrafos o la presencia de *El Quijote* entre los decimales del número π. Ejemplos los hay a miles, incluso en precedentes citados en todos los libros de historia de las ideas.

Parménides (Elea, Magna Grecia, entre 530 y 515 a de C.) negó que existiera y fuera posible el movimiento pese a la evidencia de que él mismo se desplazaba sin impedimento alguno. Aristóteles (Estagira, Grecia, 384 a. C, Calcis, Grecia, 322 a. C), sostuvo en su Física que la mujer tenía menos dientes que el hombre y que ésta no era sino un ser destinado a la sumisión, ocupando un espacio intermedio entre el hombre y los esclavos, en un entorno intelectual donde identificaban con desenvoltura un elemento "masculino, activo y ensimismado", y otro "femenino, inerte y pasivo"[20]. Por la misma razón –su arbitraria voluntad de especular en vez de

---

[20]https://es.wikipedia.org/wiki/
Visi%C3%B3n_aristot%C3%A9lica_de_la_mujer

investigar– enfrentado al cosmos lo dividió Aristóteles a su conveniencia en un mundo sublunar cambiante y otro inmutable situado más allá de la Luna. Incapaz de comprender la "fijeza" de planetas y estrellas en el cielo, lo dividió arbitrariamente a su antojo y dejó de hacerse preguntas al respecto.

Platón (Atenas o Egina, Grecia, hacia el 427 a. C. - 347 a. C.), aferrado a su empeño especulativo y a su desprecio por los hechos, acabó construyendo la patraña de la caverna y quiso encerrar en ella la libertad investigadora del ser humano, condenado entonces a una miopía tenebrosa y permanente si se limitaba a las sombras en la pared de la caverna como única fuente de conocimiento del mundo.

El gran Johannes Kepler (Weil der Stadt, Alemania, 1571, Ratisbona, Alemania, 1630), una de las mentes más brillantes que el mundo ha conocido, encerrado en una biografía atormentada e infeliz, hubo de luchar contra los armatostes circunferencia y esfera entendidos como imagen perfecta de Dios, hasta que dio con la imperfecta elipse que, sin embargo, permitió que las anotaciones del gran observador Tycho Brahe (Escania, Suecia, 1546, Praga, Imperio Austrohúngaro, 1601) cobraran el deslumbrante sentido que alcanzaron en las tres leyes que rigen el discurrir de los planetas en torno al Sol[21].

Por último, cabe igualmente destacar los inventos del "flogisto", que sólo sucumbió cuando se encontró y describió

---

[21] (1) Los planetas se mueven de manera elíptica alrededor del Sol, el cual se sitúa en uno de los focos de la elipse. (2) El radio vector que une a un planeta con el Sol barre áreas iguales en tiempos iguales. (3) El cuadrado del período orbital de cualquier planeta es proporcional al cubo del radio de la órbita.

el oxígeno[22], y el "éter luminífero", otro invento utilizado para cerrar en falso la falta de conocimientos sobre la propagación de las ondas lumínicas, fiados sus autores a la especulación con altas dosis de inventiva; del éter, que resultó que no existía, sólo quedan rastros en la poesía, donde se utilizó profusamente para identificar la atmósfera y el firmamento por el que paseaban princesas en busca de estrellas, pues finalmente se descartó su existencia por el experimento de Michelson-Morley y los avances de la física cuántica y de la teoría de la relatividad, que condujeron a la formulación de la teoría ondulatoria de la luz.

El origen común de tales errores es la renuncia a la investigación en pro de la especulación. Puede que Tomás de Aquino, en la *Summa Theologica*[23], constituya el ejemplo paradigmático del pensamiento deductivo que, a partir de una afirmación inicial -Dios existe, la doctrina sagrada es ciencia-, desarrolla todo un sistema de deducciones derivadas que lo conducen a cuestionarse (Cuestión 92, problema 1º) "si al producir las primeras cosas ¿debió o no debió ser producida también la mujer?", y contesta en la respuesta 1ª: "Considerada en relación con la naturaleza particular la mujer es algo imperfecto y ocasional", y sólo para la generación hubo de ser creada", con cita de Aristóteles ("La mujer es un varón frustrado"), añadiendo de su propia cosecha el de Aquino que "por naturaleza, la mujer es inferior al hombre en dignidad y en poder", apoyado igualmente en Agustín de Hipona, quien

---

22 Sustancia que propiciaba la combustión de la materia propuesta por Johann Becher a finales del XVII; al investigar su hipotética existencia se descubrió que era el oxígeno el que propiciaba la combustión.   Wikipedia
https://es.wikipedia.org/wiki/Teor%C3%ADa_del_flogisto
23 https://hjg.com.ar/sumat/a/c92.html

expresó que "el agente es siempre más digno que el paciente"[24]. Se trata de una forma de pensamiento deductivo encauzado por silogismos estériles que en nada contribuyen al hallazgo de auténticas y novedosas verdades. Resulta ser un modo de especulación organizada dotado de apariencia respetable que satisfacía bien las complacientes exigencias de unos muy fieles creyentes, a la vez que ignorantes enciclopédicos de la realidad en que vivían.

Por su parte, la Teología, toda teología, ha sembrado el error en aspectos de la realidad que nada tienen que ver con la existencia o no de uno o varios dioses y los atributos de los mismos, núcleo de lo que debería constituir su verdadero tema de estudio, y por ello las acertadas tesis copernicanas, luego impulsadas por Galileo, fueron refutadas por católicos y luteranos por igual, con fundamento en un solo y demasiadas veces citado pasaje especialmente increíble de la Biblia.[25]

A lo anterior hemos de añadir que aún hoy y desde tiempo inmemorial, matemáticos y físicos defienden resuelta y tenazmente que el azar no tiene memoria. Al respecto obran los científicos como hemos visto que hizo Tomás de Aquino en la *Summa Theologica*[26], deduciendo lo que no son capaces de argumentar de otra forma.

---

[24] Ibidem. Resulta evidente que la frase queda mejor traducida como la traduzco que aparece en el texto: "el agente es siempre más digno al (sic) paciente", que bien podría ser una errata antes que una mala traducción.

[25] El que describe el momento en que Josué ordena al Sol y a la Luna que se detengan para que pudiera él consumar la victoria sobre los enemigos de Israel. Josué, cap. 10, ver. 12.

[26] https://hjg.com.ar/sumat/a/c92.html

Nuestra cultura se ha construido en gran parte a base de ir dejando en el camino armatostes intelectuales que luego unos científicos rigurosos hubieron de despejar para permitir el avance de la ciencia y de nuestro conocimiento del mundo. La propia frase "el azar no tiene memoria" es absurda por cuanto se apoya exclusivamente en la autoridad de quien la profiere y no en la experimentación, por lo que se encuentran en la imposibilidad de atribuir al azar la desmemoria, en igualdad de condiciones que quienes le atribuyan el carácter que Borges pregonaba de Funes *el memorioso*, pues ni el uno ni el otro está en situación de demostrar inequívocamente lo que afirma. Y si la RAE define el término absurdo como "dicho o hecho irracional, arbitrario o disparatado", sostener que el azar no tiene memoria resulta irracional y arbitrario al provenir de quienes desconocen la naturaleza y propiedades del azar, mientras que sostener que una moneda pueda arrojar quinientos resultados cara, incluso cinco mil, y seguir en disponibilidad de arrojar una nueva cara a la tirada siguiente, incurre en el aspecto "disparatado" de la definición de la RAE: no hay constancia de ningún suceso estocástico que haya producido una serie de resultados iguales como los 26 números negros seguidos que se dice que salieron en una ruleta de Montecarlo, y ello sin perjuicio de que es conocido que si siguiéramos analizando los hoy conocidos billones de decimales de π encontraríamos acumulaciones de dígitos de extensión veintiséis y mayores, al hilo de una partida de ruleta que, como veremos, habría de durar ininterrumpidamente poco más de quince mil años.

Volviendo al tema que nos ha conducido aquí, otras muchas páginas web insisten en que fue en 1913, en el Casino de Mónaco (también llamado Casino de Montecarlo), que lo repetido fue un número negro y que tal sucesión alcanzó las 26 veces, lo que, si realmente ocurrió, debió de dar lugar a que los jugadores, enloquecidos por la llamada falacia del jugador, entendieran que por encima de 10 negros seguidos el siguiente tenía que ser necesariamente rojo, arruinándose la mayor parte de ellos, suceso y consecuencias del mismo que no encuentro acreditados documentalmente en ninguna parte[27] como para darlos por ciertos pese a su supervivencia bibliográfica, siendo una de las más imaginativas la ofrecida por RTVE el día 26 de mayo de 2023, que incluye el mantra de la desmemoria sucintamente desarrollado:

> "Si tu respuesta es afirmativa, tenemos una mala noticia, estás equivocado y bajo la influencia de la 'falacia de Montecarlo' y es que, en el azar, los resultados obtenidos en el pasado no cambian, ni determinan los resultados que obtendremos en el futuro, las probabilidades siguen siendo las mismas"[28]

Puede que lo de Montecarlo no sea más que una leyenda urbana o un hecho real de menor cuantía magnificado en el proceso de transmisión oral, pues nadie cita una publicación de 1913 ni aporta dato alguno que corrobore la realidad de tal suceso, y ni siquiera hay constancia de que por entonces los casinos tuvieran la obligación, que sí tienen hoy, de conservar registro de los resultados producidos en todo el tiempo en que esté en funcionamiento una ruleta o cualquier otra máquina recreativa de juegos de azar. Sin embargo, ese hecho que sólo cabe calificar de no acreditado, ha calado en la literatura a

---

[27] Google ofrece 13.700 resultados en 0,26 segundos.
[28] https://www.rtve.es/television/20230526/falacia-ontecarlo-falacia-del-jugador-calculo-probabilidades/2447580.shtml.

partir de mucho citarse unos a otros pero sin señalar una fuente original primigenia, pese a lo cual se entiende vulgarmente que "tal hecho ocurrió" y ha sido incorporado al brumoso imaginario popular relacionado con el fenómeno azar.

La falacia del jugador

En su libro *¡AJÁ!, Paradojas que hacen pensar*[29], en el capítulo precisamente titulado "La falacia del jugador" (p. 87), el conocido y prestigioso divulgador científico Martin Gardner nos presenta la situación de la pareja Buenafé, con cinco hijas en su haber, y a la señora Buenafé expresando su esperanza de que el próximo descendiente sea varón, a lo que el padre, más enérgico, responde que "después de cinco niñas, forzosamente tiene que ser un niño".

Plantea también el supuesto de un jugador de ruleta que espera a que se produzca una racha de rojos, impares o números que pasan o faltan según sean, o no, iguales o menores que 18, para apostar decididamente por el cambio de sesgo de tal racha, lo que igualmente da lugar a la ruina del apostante por alcanzar la cifra admitida como apuesta máxima o por agotamiento de la bolsa inicial con que empezó apostando, si bien no nos dice ni cómo de extensa fue la racha de impares ni cuánto tardó en cambiar a pares, lo que deja el problema mal planteado, falto de datos e imposible de resolver.

---

[29] Gardner, M., *Paradojas que hacen pensar*, ed. Labor, Barcelona 1983.

Por último, con referencia a una narración de Edgard A. Poe[30], plantea la situación de un jugador que ha obtenido un doble 6 dos veces seguidas en el juego de dados, lo que lleva al "lector corriente" a entender que ya no se podrá dar una tercera jugada con resultado de doble 6. El texto de Poe es el siguiente:

> "Nada más difícil, por ejemplo, que convencer al lector corriente de que el hecho de que el seis haya sido echado dos veces por un jugador de dados, basta para apostar que no volverá a salir en la tercera tentativa. El intelecto rechaza casi siempre toda sugestión en este sentido. No se acepta que dos tiros ya efectuados, y que pertenecen por completo al pasado, puedan influir sobre un tiro que sólo existe en el futuro. Las probabilidades de echar dos seises parecen exactamente las mismas que en cualquier otro momento..."

Poe nos remite de nuevo a la manida cuestión de tener o no tener memoria: el azar no lleva cuenta de los hechos del pasado ni tales hechos tienen influencia alguna en hechos futuros como una nueva gestación, el lanzamiento de unos dados o el desencadenamiento de un nuevo suceso azaroso como el lanzamiento de la bola a la vez que se hace girar la ruleta. Aunque no lo dice expresamente, apunta Poe al hecho de que, como sostienen físicos y matemáticos, el azar no tiene memoria de lo hecho en el pasado y que ello en modo alguno condicionará el futuro cuando sea nuevamente invocado lanzando una moneda al aire, tirando unos dados o poniendo en movimiento la ruleta y echando a rodar la bola sobre ella.

La respuesta desde el punto de vista probabilístico resulta ser muy otra. El sr. Buenafé yerra al asegurar que el sexto

---

[30]

https://en.wikisource.org/wiki/Tales_(Poe)/The_Mystery_of_Marie_Roget

descendiente habrá de ser necesariamente un varón cuando, en realidad, son posibles ambos resultados (niña/niño), lo que refuta la contundencia con que el señor Buenafé se expresa, sin perjuicio de que las probabilidades favorecen el nacimiento de una niña pero sin certeza alguna; hay un límite al número de varones o mujeres seguidos que produce la naturaleza y no nos consta registrado ningún recuento que constate que haya hoy o hubiera habido alguna vez una familia en que de la misma madre nacieran quince, veinte hijos varones seguidos, hecho tan extraordinario que, en el supuesto de que ocurra hoy o hubiera ocurrido en el pasado, habría acabado dejando rastro en la prensa, eso si no lo hubiera hecho en la literatura científica. En la actualidad, encuentro que el diario británico Mirror[31], en su edición del 7 de septiembre de 2019, dio cuenta de una familia británica con diez hijos varones seguidos que acabaron rompiendo la racha al undécimo embarazo, que resultó dar lugar al nacimiento de una niña.

En cuanto a la racha de números rojos, se trata de un supuesto similar al de la familia Buenafé, cuyos cinco varones no aseguran en modo alguno que tras el próximo embarazo la señora Buenafé fuera a dar a luz una niña, y sólo cabe anticipar que dependerá de la dimensión de la racha[32] pues lo que sí veremos es que resulta altamente improbable, próximo a la imposibilidad, que una mujer *se encasquille* pariendo sólo niños y sobrepase los diez seguidos que acreditó el diario Mirror en fecha tan reciente como 2019, sin que conste que desde otra cabecera de prensa se recogiera que la señora O'Connor –

---

[31]   https://www.mirror.co.uk/news/uk-news/first-mum-britain-10-boys-19832621
[32] Véase más adelante el apartado Agrupaciones de dígitos

nombre figurado- había traído al mundo quince varones seguidos en fechas claramente determinadas.

Finalmente, en el supuesto del tirador de dados que ha obtenido dos veces seguidas un doble seis, Poe niega que se pueda inferir que tras dos dobles seises la siguiente tirada no conserve idéntica expectativa probabilística que las anteriores; es, por tanto, contradictoria la asimilación de tales supuestos, al menos desde el texto de Poe, que mantiene tenazmente la persistencia del 50/50 en la tercera tirada de dados, a lo que cabe oponer que según el cálculo de probabilidades es más probable que no salga un doble seis pero en modo alguno imposible que salga, igual que en el caso de los Buenafé.

Gardner apela al lector y le advierte en similares términos que lo hizo RTVE en 2023[33]: si ha contestado sí a cualquiera de las anteriores afirmaciones ha incurrido en la conocida como falacia del jugador, según la cual cinco niñas seguidas deben dar lugar a un niño en la siguiente gestación, cinco impares están cada vez más cerca de un próximo número par, y el jugador que obtuvo dos dobles seises en modo alguno puede obtener tal resultado en la siguiente tirada de dados.

Antes de continuar con el curso de esta investigación conviene subrayar la diferencia capital entre posibilidad y probabilidad: lo posible es todo aquello que puede existir, ocurrir o ser hecho, y dentro de los sucesos posibles los hay más o menos probables. ¿Es posible sobrevivir a una caída desde un avión en llamas, a cinco mil quinientos metros de altura y sin paracaídas? Resulta extremadamente improbable pero tal caso

---

[33] Véase nota 27.

ocurrió, desde distintos aviones y a distintas alturas[34]. Hay, sin embargo, sucesos tan altamente improbables que se definirían mejor sosteniendo simplemente la imposibilidad de que ocurran. Veremos a continuación un ejemplo de suceso tan improbable que resueltamente deberíamos calificar de imposible.

El Quijote que ni está ni puede estar

Ante la indefinición científica sobre la naturaleza y propiedades del azar, más allá de su carácter supuestamente desmemoriado, tal nicho cultural y otros muchos de cariz misterioso han sido ocupados por creencias más o menos estrambóticas que incluyen abducciones extraterrestres, pretendidas civilizaciones más avanzadas que nos tutelan, fenómenos paranormales, OVNIs, el área 51, lo que ha propiciado la emergencia de creencias más amplias como el terraplanismo, el movimiento antivacunas o el imaginario diseño inteligente, sobre un fondo general woke y conspiranoico.

---

[34]https://www.labrujulaverde.com/2018/11/los-aviadores-de-la-segunda-guerra-mundial-que-sobrevivieron-a-caidas-desde-miles-de-metros. El sargento británico Nicholas Stephen Alkemade, artillero de cola de un Lancaster del Escuadrón 115 de la RAF, que en la noche del 14 de marzo de 1944 quedó envuelto en llamas, dando lugar a que ardiera su paracaídas. Entre morir quemado y afrontar una caída libre de 5.500 metros saltó y sobrevivió gracias a las copas de los abetos que frenaron la velocidad de caída y a la espesa capa de nieve sobre la que terminó aterrizando.

Directamente emparentada con el azar encontramos la divertida pero improbable hipótesis del mono mecanógrafo: si dispusiéramos de un mono infinito que tecleara de forma azarosa en una máquina de escribir de cinta y papel continuo igualmente infinitos, en algún momento ese mono o, mejor aún, un gran equipo de monos acertaría a escribir *El Quijote*, las obras completas de Shakespeare y cualquier otro texto que podamos imaginar, ya escrito o por escribir. Es una hipótesis tan atractiva que mucha gente común la considera posible; ¿Por qué no? se preguntan, cuando la pregunta correcta debe ser ¿Por qué sí? ¿Se dan las condiciones para que tal anomalía ocurra?

Martin Gardner presentaba el mismo problema en su obra[35] ya citada, pero lo hacía de una forma mucho más matemática, sutil y, en lo que aquí importa, sugerente, en la medida en que no invoca la participación de animales irracionales en la "reescritura" de *El Quijote*; al contrario, apela a una serie infinita de decimales auténticamente aleatorios: un alienígena que visita nuestro planeta se quiere llevar consigo la *Enciclopedia Británica* para explicar mejor a sus compañeros de civilización cómo es la nuestra, pero por su extensión suponía un peso inaceptable para la nave en que viajaba. Uno de sus compañeros le explica que puede llevarse la obra entera con sólo hacer una muesca muy precisa en una barra de metal que señale un punto con la cantidad precisa de decimales como para contener codificada numéricamente toda la enciclopedia. Aunque tal posibilidad es a todas luces imposible tal como veremos que lo es igualmente la *reescritura* del Quijote, señala en una dirección válida: progresar en el estudio del azar

---

[35] *AJÁ!*, cit., p.48 y ss.

conduce a estudiar, en una dimensión a nuestro alcance, sucesiones de decimales infinitos para comprobar si en los mismos aparece retazo alguno de la *Enciclopedia Británica* o de cualquier otra obra escrita.

¿Es lo anterior tan cierto como se cree, tanto la posibilidad del equipo de monos literatos ocasionales como la del alienígena aficionado a la lectura enciclopédica?

Los monos literatos

En la entrada de Wikipedia relativa a los monos mecanógrafos infinitos[36] comprobará el lector que tal metáfora, ampliamente extendida, hunde sus raíces en *Los viajes de Gulliver* de Jonathan Swift (1726) y se extiende hasta 2005, en que una webcómic llamada *Goats* empezó a publicar una tira cómica titulada "Infinite typewriters", en una de cuyas entregas presentaba a dos monos en conversación con un gallo que calificaba de "perturbadora alucinación" el hecho de que uno de los monos hubiera escrito anticipadamente la respuesta a la primera y absurda pregunta que el gallo les formuló, a lo que el otro mono replica al gallo que no puede imaginar cuantas civilizaciones están fundadas sobre ese mismo principio. Y todo ello pasando por *La historia interminable*, de Michael Ende, uno de cuyos personajes escribe de forma incesante los hechos que están en ese momento ocurriendo, y lo hace a la vez que tales hechos ocurren, introduciendo la inquietante sensación de que, dada la simultaneidad hecho/escritura, se difumina la frontera entre unos hechos que se escriben porque están ocurriendo o unos hechos que ocurren porque se están

---

[36] https://es.wikipedia.org/wiki/Teorema_del_mono_infinito

escribiendo y es la escritura la que los está generando en la vida real a la vez que alguien levanta un acta exhaustiva de la misma. Y finalmente encontramos el capítulo de los Simpson "Last Exit to Springfield"[37], en que un ejército de monos al servicio del aborrecible Mr. Burns escribe azarosamente lo que debería acabar siendo la "novela más grande de la historia", lo que da idea de la extensión y pervivencia del argumento en el alucinado imaginario popular.

En la misma web antes citada[38] encuentro los siguientes datos:

> "Por ejemplo, mil monos escribiendo letras al azar a un ritmo de 100 caracteres por minuto podrían probablemente escribir la palabra «banana» en unas seis semanas. (…) Ignorando puntuación, espaciamiento y mayúsculas/minúsculas y asumiendo una distribución uniforme de letras, un mono tiene una probabilidad entre 26 de escribir correctamente la primera letra de Hamlet. La probabilidad de que escriba bien las dos primeras letras es 1 entre 676 (26 veces 26). Cuando 20 letras hayan sido escritas, las probabilidades de que hayan sido las correctas se reducen a una entre más de nueve mil novecientos veintiocho cuatrillones, aproximadamente la misma probabilidad de que a una misma persona le toquen 4 loterías consecutivas. En caso del texto completo de Hamlet, la probabilidad es tan abismalmente pequeña que difícilmente puede ser concebida en términos humanos. El texto de Hamlet, eliminando cualquier puntuación, contiene unas 130.000 letras."[39].

---

[37] Una sinopsis del episodio la puede encontrar el lector en https://es.wikipedia.org/wiki/Last_Exit_to_Springfield, incluida la referencia concreta a los monos que al servicio de Mr. Burns iban a escribir la más grande novela de la historia.

[38] Ibidem.

[39] 9.928.148.895.209.409.152.340.197.376; Ibidem

Pues a pesar de una probabilidad que conduce a proclamar la imposibilidad de que tal suceso ocurra, la exótica elucubración sobre los monos mecanógrafos resulta tan atractiva que se extendió socialmente y de ahí ha pasado a convertirse en un retazo entre pop y metafísico de la cultura popular, que pervive hasta nuestros días según veremos.

El problema de los sucesos extremadamente improbables, analizado desde la perspectiva probabilística, con referencia expresa a los monos mecanógrafos, apareció planteado y resuelto en la obra, publicada en 1913, *La mécanique statique et l'irréversibilité*, de Émile Borel[40]:

> Imaginemos que hemos entrenado un millón de monos para pulsar aleatoriamente las teclas de una máquina de escribir y que, bajo la supervisión de capataces analfabetos, estos monos mecanógrafos trabajan ardientemente diez horas al día con un millón de máquinas de escribir de varios tipos. Los capataces analfabetos recogerían las hojas mecanografiadas y las encuadernarían en volúmenes. Y al cabo de un año se encontraría que estos volúmenes contienen la copia exacta de libros de todo tipo y en todos los idiomas guardados en las bibliotecas más ricas del mundo. Esto supone la probabilidad de que se produzca durante muy poco tiempo, en un espacio de cierta extensión, una desviación notable de lo que la mecánica estadística considera el fenómeno más probable. Suponer que esta desviación se mantenga durante unos segundos es admitir que, durante varios años, nuestro ejército de monos mecanógrafos, siempre trabajando bajo las mismas condiciones, suministrará cada día una copia exacta de todos los impresos, libros y periódicos que aparecerán la semana siguiente en

---

[40] HAL, archives-ouvertes, Émile Borel. *La mécanique statique et l'irréversibilité*. J. Phys. Theor. Appl., 1913, 3 (1), pp.189-196. ff10.1051/jphystap: 019130030018900ff. ffjpa-00241832f.

toda la superficie del globo. Es más sencillo decir que estas desviaciones improbables son puramente imposibles[41].

Es muy de resaltar el hecho de que los capataces que Borel imaginó hubieran de ser necesariamente analfabetos y que la página web donde está archivado el artículo de Borel que cito lleve por nombre HAL, tal como se llamaba el ordenador central de la nave de *2001, odisea del espacio*, nombre que, a su vez, nos conduce a IBM, acrónimo al que restando un lugar a cada letra en el alfabeto conduce directamente de IBM a HAL.

Tal como concluye la entrada correspondiente de Wikipedia para Borel "el propósito de la metáfora de los monos era ilustrar la magnitud de un acontecimiento extraordinariamente improbable"[42]. Y no cabe sino aceptar como razonable lo establecido por Borel pues tal probabilidad, referida estrictamente a que los monos escriban la palabra "banana", es de 1/506, es decir, 0.00197628458, mientras que la probabilidad de que escriban en sucesión correcta las primeras veinte letras de la tragedia Hamlet sería la antes citada: 9.928$_4$148.895$_3$209.409$_2$152.340$_1$197.376[43], lo que ya apunta en la dirección correcta en relación con lo que cabe esperar del azar en sus manifestaciones prácticas de la vida cotidiana.

---

[41] Traducción del autor

[42] Wikipedia.org/wiki/Teorema_del_mono_infinito.

[43] Una probabilidad entre algo más de 9 cuatrillones de posibilidades. Véase nota 39.

A vueltas con los monos, ahora virtuales

Tal como anticipé, más allá de 2005 y del diálogo entre los monos y el gallo, la secuela más próxima del argumento de los monos literatos en la actualidad se la debemos al ingeniero informático estadounidense Jesse Anderson, en cuyo blog personal encontré la entrada del 13 de octubre de 2021 titulada "Ten Years On–The Million Monkeys Project"[44], de donde podemos extraer datos completamente fidedignos de la tarea que acometió en 2011 como aplicación práctica y demostradora de la posibilidad que Borel consideraba completamente improbable. La novedad respecto de los monos mecanógrafos analógicos que planteaba Borel es que lo que se proponía Anderson era crear una legión de monos virtuales informáticos y ponerlos a *trabajar* en la producción aleatoria de textos, controlados por un programa en sí mismo analfabeto, dado que todos los ordenadores lo son en su origen, que analizaría si en el texto producido por los monos había alguna parte que se correspondiera con cualquier palabra del idioma inglés y, a la vez, apareciera en alguna o varias de las obras de Shakespeare.

En las propias palabras de Anderson en su blog "hace diez años recreé azarosamente todas las obras de Shakespeare", para a continuación explicar cómo lo había hecho. Usando su propio ordenador y los recursos informáticos alojados en la nube, incluidas las obras completas de Shakespeare, decidió crear una legión de monos mecanógrafos virtuales que iban a teclear en miles de máquinas de escribir tan virtuales como los

---

44 https://www.jesse-anderson.com/2021/10/ten-years-on-the-million-monkeys-project/

propios monos, a los que puso a trabajar prescindiendo de los signos de puntuación y de los espacios para hacer las cosas lo más simples que se pudiera, eligiendo la agrupación de sólo nueve caracteres para cada supuesta búsqueda y creación aleatoria de la escritura de Shakespeare. Cada cadena de nueve caracteres gencrada era analizada y desechada si resultaba ser totalmente incoherente o incluida en cada una de las obras de Shakespeare en que apareciera total o parcialmente, lo que dio lugar a que en mes y medio sus monos mecanógrafos agotaran las obras completas del famosísimo autor de Stratford-upon-Avon.

¿Realmente las agotaron reescribiéndolas? ¿Las escribieron en el orden preciso en que lo había hecho su autor? Desde luego que no. Lo que agotaron fue casi todas las palabras utilizadas por Shakespeare en sus obras, pero ni de lejos se aproximaron a los casi diez mil cuatrillones de intentos que hubieran dado lugar a las primeras veinte letras de Hamlet en su orden genuino. Sostener que el encuentro de todas las palabras utilizadas en una obra acredita el haber reescrito esa obra es lo mismo que sostener que hemos reconstruido las pirámides de Egipto con sólo haber encontrado las canteras de las que sus piedras procedían, y valga lo mismo para el Partenón, las puertas de Ishtar o el acueducto de Segovia. Ello no obstante, Anderson, que nunca ocultó las condiciones de creación y búsqueda –dicho sea en su honor, pues no engañó a nadie ni pretendía hacerlo–, difundió el proyecto y sus resultados a los principales medios de comunicación asegurando que sus monos habían escrito la obra completa de Shakespeare, extremo que no parece ni remotamente aceptable pues la mera aparición de unas cuantas o todas las palabras que forman *Hamlet* no hacen posible la lectura de la obra tal como

Shakespeare la escribió. La divertida imagen de los monos virtuales y mecanógrafos febriles que construyó Anderson presenta, además de lo ya expuesto, otras objeciones.

En primer lugar, la elección de cadenas de sólo nueve caracteres habría impedido completar cualquier obra teatral de Shakespeare, y hasta algunos de sus más breves y no por ello menos maravillosos sonetos[45]. En *La Tempestad*[46], por ejemplo, acto I, escena primera, encontramos los términos Counsellor (10 caracteres), blasphemous (11), incharitable (12) y Noysemaker (10); en la escena segunda del mismo acto encontramos remembrance (11), transported (11), heedefully (10), Schoolemaster (13). Hay en *La Tempestad* muchos más supuestos que cualquiera puede comprobar.

¿Cómo hallaron los monos tales términos expresados en cadenas aleatorias de sólo nueve caracteres? ¿Qué otras licencias se permitió Anderson para completar la supuesta reescritura de Shakespeare? ¿El hallazgo troceado del término "schoolemaster? Al respecto no cabe sino especular: sólo Anderson podría aclarar cómo obtuvo con cadenas de nueve elementos palabras de diez, once, doce y más caracteres.

Por otra parte, si todo lo reducimos al hallazgo de las palabras utilizadas por Shakespeare en su obra, sin exigir orden alguno en las mismas, el uso de un par de buenos diccionarios, escritos

---

[45] En el primero de ellos (*From fairest creatures we desire increase…*) aparece el término self-substantial, un compuesto cuyo segundo elemento (substantial) contiene once caracteres.
[46] https://en.wikisource.org/wiki/Shakespeare_-_First_Folio_facsimile_(1910)/The_Tempest/Act_1_Scene_2

también por los monos, habría facilitado mucho la búsqueda pues en ellos está todo Shakespeare: los monos mecanógrafos habrían terminado por encontrar todas las palabras a incluir en tales diccionarios y, por tanto, todas las palabras con que se escribieron todas las obras escritas en lengua inglesa, incluidas las que aún están por escribir, y habrían podido hacer sin dificultad lo mismo con el resto de la literatura en cualquier otro idioma. Del mismo modo, situando a miles de gatos virtuales frente a miles de teclados o, mejor aún, sobre un pasillo infinito de teclas de piano virtuales organizadas en octavas, el discurrir de los gatos infinitos por dicho pasillo igualmente infinito en poco tiempo habría dado con toda la música escrita y, una vez más, con la que aún está por escribir.

Ejemplos semejantes surgen de forma incontenible: todas las partidas de ajedrez jugadas y por jugar, todas las leyes, resoluciones judiciales y, de forma muy sencilla y ajustada a cadenas de nueve caracteres –en este caso, dígitos–, todos los números de teléfono contenidos en todas las guías telefónicas de cada pueblo y ciudad del planeta, del presente, el pasado y el futuro. Desde la perspectiva de la capacidad de computación disponible en un modesto nivel de usuario, todas las anteriores son tareas al alcance de cualquiera que conozca mínimamente un lenguaje de programación, no digamos al alcance de un reputado y acreditado experto en tratamiento e ingeniería de datos como es Jesse Anderson.

Si, como veremos más adelante, hay límites de encadenamiento de dígitos, que empieza a ser escasos ya a la octava reiteración, incompletos en la novena donde varios dígitos ya no se dan –curiosamente, la extensión de las cadenas elegida por Anderson en su *reescritura* de Shakespeare por sus monos mecanógrafos- y desaparece por completo en la décima, todo ello según el patrón de aleatoriedad que surge de los decimales de π, basta un somero análisis de la proposición para descartarla en el plano teórico: si es altamente improbable una cadena de 9 o más elementos iguales entre los decimales de π, hay que imaginar la improbabilidad (¿absoluta?) cuando lo que esperamos es encontrar la sucesión ordenada, gramatical y sintácticamente correcta de una obra que formaría una cadena de 2.034.611 caracteres, como es el caso del Quijote.

En primer lugar, la mera posibilidad de que entre los infinitos decimales de π encontráramos codificado *El Quijote,* sólo un etnocentrismo inaceptable nos conduciría a la absurda idea de que pudiéramos encontrar tal obra y no *La epopeya de Gilgamesh* o las obras completas de Corín Tellado (Viavélez, España,1927- Gijón, España 2009), la escritora más prolífica y vendida en sus días en el mundo de habla hispana, y todas las obras de todos los que hayan escrito cualquier cosa a lo largo de la historia. Parece, por otra parte, que sólo la voluntad de escribir *El Quijote* pudo imponerse a la conocida voluntad entrópica del azar en el sentido de romper cualquier atisbo de orden, consista éste en la agrupación de números en cadenas de dígitos iguales o en el orden esperado por el observador en relación con *Hamlet* o con cualquier otra obra que haya escrito alguien alguna vez, la esté escribiendo en este momento o la vaya a escribir en el futuro.

El Quijote azaroso exigiría que el azar, en contra de cuanto sabemos, hubiera obrado *voluntariamente* con una finalidad bien concreta y eso exigiría atribuir al azar no desmemoria sino voluntad, algo que el propio azar se encarga de desmentir cada vez que surge alguna suerte de regularidad en sus manifestaciones, cuando el propio azar pone fin a dicha regularidad. Ocupando la codificación ASCII[47] de todas las palabras de *El Quijote* una cantidad abrumadora de caracteres, resulta teóricamente inaceptable que surgiera de entre el caos cualquier obra literaria al primer intento; habría exigido tal empeño, necesariamente, una serie también infinita de balbuceos quijotescos antes de dar con el texto definitivo, lo que nos conduce a un sucesivo y creciente número de infinitos en el primero de los cuales apareciera una sola frase, habiendo de esperar a otro infinito u otra parte de un mismo infinito en que apareciera la siguiente, y así sucesivamente hasta que se diera con un infinito recursiva e infinitamente infinito que contuviera toda la obra de principio a fin. Todo lo anterior, además, dejando de lado que no encontramos atisbo alguno de balbuceo quijotesco en lo que está a nuestro alcance estudiar de los decimales de π. De hecho, ni siquiera hemos encontrado las tres primeras palabras de la primera frase, que no es que sea especialmente complicada: "en un lugar".

Con ser, a mi entender, sólidos los anteriores argumentos, hay otro que responde a la cuestión y la resuelve en clave de azar: Cervantes mismo es la respuesta al hecho de que exista *El Quijote*, que ni está ni puede estar en los decimales de π, porque, como vimos al principio de este capítulo, ello exigiría la persistencia de una excepción altamente improbable que se define mejor calificándola de imposible.

Cervantes fue, como somos nosotros, producto del azar, del proceso de meiosis que determinó sus cromosomas y genes, lo

---

[47] American Standard Code for Information Interchange.

situó en un entorno humano y ambiental que él no eligió, con millones de sucesos que conformaron sus días, incluidas guerras y batallas en que participó, y todo ello determinó su genio y personalidad de la que surgió *El Quijote*, no de forma azarosa sino obediente a la voluntad de un hombre que por azar nació y se formó, primero, y se terminó de perfilar a base de interaccionar con su entorno. El azar produjo a Homero, a Cervantes y a Shakespeare, pero fueron las voluntades de Homero, de Cervantes y de Shakespeare las que dieron lugar a sus obras inmortales. No hay nada dejado al azar en las tramas -¿Acaso no estaba el arco de Odiseo donde había de estar, dispuesto para la matanza?-, en los recursos literarios empleados y en las palabras en que exactamente cada uno de ellos expresó su creación como forma de entender y expresar el mundo. Frente a quienes, en las bodas de Camacho, ante la exitosa simulación de Basilio clamaban "milagro, milagro", decía Basilio y decimos nosotros "industria, industria". El Quijote ni lo escribió el azar ni aparece codificado en ninguna sucesión conocida de números aleatorios. El azar hizo a Cervantes y fue Cervantes el que escribió *El Quijote*, que ni está ni puede estar en los 105 billones de decimales de π que hoy conocemos.

Pese a las anteriores objeciones que nadie planteó en su día, y otras más que cabría aducir, el anuncio de que los monos virtuales de Anderson habían escrito las obras completas de Shakespeare suscitó una respuesta masiva (se hizo viral hablando en términos propios de redes sociales) a partir de que la BBC difundiera la noticia, lo que dio lugar a que Anderson alcanzara una gran notoriedad que le permitió abandonar su trabajo y tras pasar por muy relevantes empresas, acabó formando la suya propia mientras continuaba –y continúa-

impartiendo clases de ingeniería de datos, materia en la que es una relevante autoridad internacional.

RTVE dio cuenta del hallazgo en su edición del 27 de septiembre de 2011[48], ofreciendo datos esclarecedores: la reescritura sólo alcanzaba el 99,99% de la obra dc Shakespeare –no deja de ser una ridícula objeción-; la forma en que se reescribió tal obra es como la ya descrita, a base de generar conjuntos aleatorios de nueve letras que otro programa analizaba para determinar si todo o parte de tal conjunto de signos aparecía en las obras de Shakespeare y, en caso afirmativo, se completaba el hueco en las distintas obras a la espera de que sucesivas aportaciones rellenaran los huecos restantes. Al final, tal como surge de lo expuesto, la reescritura de Shakespeare no resultó ser otra cosas que el rellenado de un larguísimo pero finito crucigrama sobre un tablero infinito de scrabble cuyos huecos se iban completando con fichas virtuales de scrabble de forma azarosa pero en absoluto inteligente; detrás de tal trabajo lo que había era un uso masivo de ordenadores en su peor versión, entendidos como tontos extraordinariamente rápidos a la vez que rematadamente estúpidos: si lo hubieran pensado bien, puestos a no exigir ni orden ni espacios ni signos ni puntos ni comas, con sólo utilizar las letras del alfabeto y rellenar los huecos en las casillas dispuestas en las distintas obras de Shakespeare la tarea habría sido completada en unas horas. Directamente relacionado con lo anterior, RTVE facilitó al hilo de su programa una muy relevante información al indicar que "de realizarse el

---

[48]   https://www.rtve.es/noticias/20110927/experimento-con-monos-virtuales-consigue-reescribir-obras-completas-shakespeare/464511.shtml

experimento con monos de verdad, los animales tardarían mucho más de la actual edad del Universo en completar las obras de Shakespeare"[49].

Las cifras escalan ya a una dimensión más allá de lo galáctico: aceptando que la edad del universo tras el Big Bang se sitúa, según consenso científico, "entre 13.761 y 13.835 millones de años[50], la tarea apenas habría sido iniciada por las culturas y civilizaciones humanas, incluyendo las prehumanas formadas por los primeros primates que abandonaron la vida arborícola y, bajando a tierra firme, se apartaron hace sólo siete millones de años de la línea evolutiva que los hermanaba con el resto de primates superiores, iniciando así la línea que condujo al *homo sapiens sapiens* y a la civilización actual. Es decir, todo lo que va desde los monos que trituran huesos, matan a golpes a otro mono y luego uno de ellos lanza al aire el hueso utilizado como arma, que acaba en fundido cinematográfico con la nave de *2001, una Odisea del espacio*[51] -genialmente calificada como "la elipsis temporal más abrupta de la historia del cine"[52]- nunca

---

[49] Ibídem

[50]https://es.wikipedia.org/wiki/Edad_del_universo#:~:text=El%20con senso%20de%20los%20cient%C3%ADficos,13%20835%20millones% 20de%20a%C3%B1os.

[51] Google 2001 una odisea del espacio - escena hueso fundido a nave

[52] https://www.teatroemperador.org/single-post/2017/09/17/2001-odisea-del-espacio-la-elipsis-temporal-m%C3%A1s-abrupta-de-la-historia-del-cine, que a su vez remite a http://www.hobbyconsolas.com/reviews/cine-ciencia-ficcion-2001-una-odisea-espacio-62602 como origen, aunque vuelve a citar entre comillas sin facilitar el nombre del autor. Me limito, pues, a dejar clara constancia de que no es frase de mi invención, y que es demasiado buena como para que la hubiera escrito yo.

ha habido suficientes monos ni ha transcurrido el tiempo preciso como para haber culminado una tarea que hubiera exigido miles de millones de monos y miles de millones de años.

Aunque resulte prematuro afirmarlo, parece que Borel tenía toda la razón cuando afirmó que "es más sencillo decir que estas desviaciones improbables son puramente imposibles." Y en cuanto al Quijote que supuestamente encontraremos en los decimales de π, según sostienen algunos, baste exponer lo que sigue para acreditar igualmente la imposibilidad de que tal cosa ocurra.

II. Buscando letras entre decimales

El Quijote en ASCII

En la misión de búsqueda de *El Quijote* entre los decimales de π hemos de evitar la utilización del código ASCII[53], que atribuye un número a cada letra del alfabeto y a otros muchos signos gráficos, incluyendo puntos, comas, signos de admiración... Tal dígito, en lenguaje BASIC[54], debe ir precedido de la función CHR$ y seguido del propio número entre paréntesis, conjunto que suma siete elementos y devuelve como salida una sola letra, un signo gráfico o un espacio con los que se pueden componer palabras, frases y capítulos enteros de cualquier obra escrita. Pero si de lo que se trata es de encontrar entre nuestro campo de decimales conocido un solo retazo de escritura con sentido, el límite se nos impone de inmediato pues arroja resultados en cifras completamente inalcanzables.

La letra C (67) seguida de H (72) R (82) y el signo $ (36) suman ya ocho cifras (67728236) que sólo aparecen 4 veces entre los primeros 200 millones de decimales de π, y eso en posiciones tan distanciadas que no cabe esperar que en el campo estudiado aparezca, ni siquiera, un término tan sencillo como la preposición "en" con que empieza *El Quijote*.

Se trata, por tanto, de simplificar el código a que reducimos las letras y signos que nos permitan encontrar la escritura en mitad de una pila descomunal de dígitos. No estamos en el

---

[53] American Standard Code for Information Interchange.
[54] Beginners Allpourpose Symbolic Instruction Code.

entorno del lenguaje BASIC y queremos escribir nombrando a cada signo con su código ASCII, en la esperanza de que una civilización inteligente entienda que las letras han sido codificadas en forma de números. Así, las tres primeras palabras del Quijote ("En un lugar"), sin la estricta ortografía del código ASCII, formarían una sucesión de 26 dígitos[55], que someto a búsqueda en los primeros doscientos millones de decimales de π sin que tal sucesión aparezca en el campo estudiado, tal como cabía suponer dado que el límite de agrupaciones con argumento lo veremos establecido más adelante en una cifra muy alejada de los 26 elementos objeto de búsqueda[56].

La preposición "en" exige sólo seis cifras, 101110, que sí encontramos en pos. 1.415.699 y se repite con una frecuencia aproximada de una vez por millón de cifras. Si le añadimos el término "lugar" se alcanzan ya los veintiséis caracteres, que obtienen el resultado previsible:

---

[55]10111011711010811010397102, sin espacios entre "en" y "un" ni "un" y "lugar" en el entendido de que una civilización avanzada sabría descifrar un texto sin espacios separadores de palabras. Mucho más difícil es la decodificación del radiomensaje de Arecibo, formado por 1679 bits y enviado al cúmulo de estrellas M13 el 16 de noviembre de 1974. El número 1679 es el producto de dos números primos (23x73), sólo se puede descomponer en 23 filas y 73 columnas o 23 columnas y 73 filas. De las ocho posibles configuraciones sólo la información organizada de la segunda manera (23 columnas y 73 filas) genera información coherente. https://es.wikipedia.org/wiki/Mensaje_de_Arecibo
[56]Al respecto, véase la página 66 y ss.

> "The string 10111011711010811010397102 did not occur in the first 200000000 digits of Pi after position 0."[57]

Y limitando la búsqueda a sólo las cifras que componen el término "lugar", que son sólo 14 (10811010397102), el buscador de angio.net nos ofrece como resultado, igualmente, que tal sucesión "did not occur…". Es decir, que ni simplificando ASCII y buscando sólo el término "lugar" encontramos respuesta a la búsqueda. Ahora, sin más dilación, procede plantearnos si términos como "de lanza en astillero", "adarga antigua", "rocín flaco" y "galgo corredor" correrán la misma suerte, no por su carácter arcaico sino por la longitud de las cadenas alfanuméricas que se producen en ASCII simplificado.

Teniendo en cuenta que *El Quijote*, contando a partir de "En un lugar de la Mancha, de cuyo nombre no quiero acordarme…"[58] está compuesto por 377.032 palabras, con un total de 1.687.570 caracteres (sin contar espacios en blanco), y que si contamos los espacios alcanza un total de 2.034.611 caracteres[59], ello arroja una sucesión ordenada de cinco millones de dígitos, aproximadamente, encapsulada en los más de doscientos millones de decimales que aquí manejamos del número π. Es decir, que ni simplificando el código ASCII y dejando sólo dos o tres dígitos para significar letras y formar con ellas palabras, frases y párrafos, vistos los resultados, ¿resulta creíble la afirmación de que en algún lugar de los infinitos decimales de π está escrito *El Quijote*, teniendo en cuenta que entre los

---

[57] https://angio.net/pi/

[58] Es decir, sin contar dedicatorias y el resto del texto prologal.

[59] https://www.solosequenosenada.com/2009/06/01/cuantas-palabras-tiene-el-libro-don-quijote-de-la-mancha-de-cervantes/

primeros doscientos millones de decimales no aparecen ni siquiera las tres primeras palabras seguidas?

Llevando hasta el límite la simplificación del método, podemos sustituir las letras por números naturales sucesivos. De este modo todo el abecedario del español consiste en veintisiete letras que, traducidas a caracteres, daría lugar a 10 caracteres para la "a" hasta la "jota"[60] y treinta y cuatro más para el resto desde la "k" hasta la "zeta". Cuarenta y cuatro caracteres segmentados en cadenas de… ¿Cuántos caracteres? Porque con *El Quijote* ocurre lo mismo que con las obras de Shakespeare, que contienen palabras con más de los nueve caracteres elegido por Anderson en su proyecto de monos mecanógrafos virtuales e infinitos.

De modo que a la pregunta sobre si encontraremos *El Quijote* codificado en ASCII o en los números que sustituirían a cada letra en la versión más simplificada, la respuesta es no, pero queda la cuestión abierta: elijan los defensores del azar y su desmemoria una forma de codificación sencilla y aplíquenla al campo que aquí estudio; comprueben si entre los primeros doscientos millones de decimales de π aparece por lo menos una frase, no del Quijote sino de cualquier libro conocido. Podrían buscar el famoso "to be or not to be" de *Hamlet*, el diáfano "call me Ismael" de Melville o el críptico "I prefer not to" con que Melville retrata al aparentemente indeciso Bartleby.

---

[60] Descartamos los signos de puntuación y la distinción entre mayúsculas y minúsculas.

Lo cierto es que ni siquiera si estuviera a nuestro alcance una cantidad no de millones sino de trillones, cuatrillones y aún más de decimales de π tendríamos que recurrir a prueba alguna empírica para acreditar la imposibilidad de tal suceso, anticipada por Borel y olvidada por tantos matemáticos y físicos, pues ello exigiría que se produjera "durante muy poco tiempo pero suficientemente extenso una desviación notable de lo que la mecánica estadística considera el fenómeno más probable".

III. ¿Dónde, cómo y qué buscar?

Comprobada la imposibilidad de encontrar el Quijote en los decimales de π, no por ello abandonaré el estudio de esos decimales, no en busca del Quijote, que ya sabemos que no está, sino en busca de cualquier otro patrón que nos aproxime a poner en cuestión el esotérico mantra según el cual "el azar no tiene memoria", dejando plenamente establecido desde el primer momento que quien, como yo, no concede credibilidad alguna a tal dogma no por ello se posiciona en el sentido de sostener que el azar sí tiene memoria, pues desde la ignorancia universal de lo que sea el azar no cabe atribuirle característica alguna, y menos si suena a característica humana, como es el hecho de tener o no tener memoria que, en el fondo y en la forma, equivale a decir que el azar es completamente calvo o velludo como una nutria marina. Continuaré, por tanto, estudiando dichos decimales de π al ser una de las más representativas sucesiones de números genuinamente aleatorios a nuestro alcance, de los que hasta 2016 se conocían poco más de veintidós billones[61]. Según Wikipedia, Emma Haruka Iwao (Hanoi, 1946) consiguió en 2019 recalcular el

---

[61]Exactamente 22.459.157.718.361de cifras a partir del 3 con el que comienza el número ℗; Ibáñez, R., https://aprenderapensar.net/2019/06/04/%CF%80-un-numero-normal-o-no/. El autor atribuye tal determinación a Peter Trueb en el año 2016. A partir de 2016 se han producido tres avances en 2019, 2020 y 2021. La evolución del descubrimiento de los decimales de π desde el 2000 a. de C. hasta 2021 se puede consultar en *Chronology of computation* *of π,* https://en.wikipedia.org/wiki/Chronology_of_computation_of_%CF%80

valor del número π elevando la cifra a 31,4 billones de dígitos.[62]

Posteriormente, el 4 de agosto de 2021, el Equipo DAVIS de la Universidad de Ciencias Aplicadas de Los Grisones (Suiza), fijó la cantidad conocida de estos decimales en 62.831.853.071.796 (sesenta y dos billones), y el siguiente 21 de marzo de 2022, de nuevo Emma Haruka Iwao elevó la cifra a 100.000.000.000.000 (10^{14}); once meses después, el 18 de abril de 2023, Jordan Ranous, vinculado a la revista StorageReview.com, experto en Inteligencia Artificial, utilizando programas distintos y medios distintos que Haruka Iwao, determinó la misma cifra de decimales (10^{14}), ratificando así que se trataba de un cálculo correcto, y todo para que once meses más tarde, el 14 de marzo de 2024, el propio Ranous elevara la cifra de decimales a 105.000.000.000.000 (1.05×10^{14}), es decir, a ciento cinco billones.

El Diario de Mallorca, en su edición del 14 de marzo de 2023[63], publicó la siguiente información:

> "Actualmente, el valor de Pi se conoce con más de 31 trillones de decimales, aunque en la mayoría de cálculos prácticos, los matemáticos utilizan solo los primeros 10 o 15."

Se trata —es obvio- de una errónea traducción del término "trillion", que por difícil que resulte de entender no significa en inglés trillón sino billón, así como billion, en inglés, significa mil millones y no equivale a nuestro billón, que sí significa un

---

[62] https://es.wikipedia.org/wiki/Emma_Haruka_Iwao

[63] https://www.diariodemallorca.es/sociedad/2023/03/14/dia-numero-pi-decimales-utiliza-84624571.html

millón de millones.[64] La imperial resistencia británica a embarcarse en el sistema métrico decimal ha conducido a este singular exponente de lógica pasada por la minipímer.

El día 7 de abril de 2024 dicha información no había sido oficialmente desmentida, por lo que provisionalmente pasa a engrosar el cúmulo de habladurías sobre el azar como el del suceso de agosto de 1913 en el Casino de Montecarlo.

Tan extraordinaria cifra -y me refiero a los ciento cinco billones de decimales de π-, no dejará de crecer y será sucesiva e incansablemente desbordadas de forma hoy inimaginable cuando la física cuántica irrumpa en la computación de forma generalizada. Mientras tal cosa ocurre limitaré este ensayo al estudio de los primeros doscientos millones de decimales de π pues son los únicos que obran a disposición de cualquiera de forma segura y fiable[65] y pueden, por tanto, ser estudiados por el lector, que es invitado a repetir las sencillas indagaciones que se expondrán. Esa es, en gran parte, la esencia del método científico: la posibilidad de repetir un experimento, desde el más sencillo al más complejo, para confirmar sus resultados, ampliarlos o refutarlos en todo o en parte.

El hecho de que sigamos en el esfuerzo de encontrar el mayor número posible de decimales de π obedece al mismo impulso

---

[64] https://en.wikipedia.org/wiki/Chronology_of_computation_of_%CF%80. En esta página web se puede seguir la correcta evolución de la lucha por aumentar el número de decimales de ⊚⊚conocidos, donde se usa correctamente el término trillion en el sentido expuesto de billón.

[65] Angio.net

que ha llevado a los humanos a escalar todas las cumbres que se elevan sobre la superficie de la Tierra -simplemente porque están ahí-, como seguimos invirtiendo una gran cantidad de recursos materiales y humanos en la investigación de todo aquello que nos concierne. Si no fuera por tal impulso habríamos detenido el estudio de dichos decimales de π donde lo dejó Arquímedes (22/7 =3,1428) en el siglo III a de C[66]), determinación asombrosamente precisa pese a no ser más que una genial aproximación a partir de un hexágono[67] inscrito y otro circunscrito en un círculo.

La genialidad del método que usó Arquímedes en nada queda menoscabada por el carácter aproximado del resultado, pues ese método mostró el camino que acabaría dando con la determinación exacta de π, pese a la indeterminación, que quizás sea eterna, del número de sus decimales, que se

---

[66] Siendo π la relación existente entre el diámetro de una circunferencia y su radio, Arquímedes, entendiendo que era un número racional expresable mediante una fracción –lo que resultó ser tan erróneo como lo antes expuesto de otros grandes filósofos– "utilizó un hexágono inscrito y otro circunscrito respecto al círculo del que se partía. El valor de π quedaría por tanto entre ambos perímetros, mayor en el primero, menor en el segundo. Luego repitió el proceso multiplicando por dos el número de lados: 12, 24, 48 y 96, con lo que se lograba cada vez más precisión"; como destaca el autor del texto que cito (@ALVI), "Curiosamente al hacer esto estaba eliminando en cierto modo la geometría y convirtiéndolo todo en un procedimiento meramente aritmético"; https://www.microsiervos.com/archivo/ciencia/ingenioso-metodo-arquimedes-calcular-numero-pi.html

[67] Arquímedes fue haciendo cada vez mayores los primitivos hexágonos hasta llegar a los 96 lados, lo que cada vez aproximaba más la figura a una circunferencia.

presumen infinitos, lo que no sólo no impide sino que nos permite calcular rutas aéreas en base a π y lanzar una nave al espacio y guiarla para que dentro de unos días, unos años o unas décadas alcance el punto exacto predeterminado por sus diseñadores y constructores, basándonos en una mera aproximación al π que conocemos, que nunca será completa pero sí mucho menos errada que la del dios del Antiguo Testamento, que en el Libro 1º de Reyes, 7:23, propuso como valor de π un escueto 3[68].

Con los primeros 39 decimales de π podemos calcular la longitud de la circunferencia del universo observable con un error menor que una décima parte del diámetro de un átomo de hidrógeno. En una gota de agua hay seis mil trillones de átomos, de los que dos terceras partes son de hidrógeno[69]. Se

---

[68] "Hizo el Mar de metal fundido que tenía diez codos de borde a borde; era enteramente redondo, y de cinco codos de altura; un cordón de treinta codos medía su contorno." https://www.bibliacatolica.com.br/es/la-biblia-de-jerusalen/i-reyes/7/
[69] Una gota de agua a 20ºC y una atmósfera, tiene un volumen de 0.05ml. y su densidad es 0.99206gr/ml, luego su peso es 0.049603gr.
Según las proporciones: 17.96468gr de agua contienen 2x6.02201476x10^23 átomos de hidrógeno, luego una gota que pesa 0.049603 gramos contendrá la correspondiente proporción de acuerdo con: 17.96468/(2x6.02201476x10^23) =0.049603/H ; Despejando H tendremos:
H = 0.049603x2x6.02201476x10^23/17.96468; H=0.033255254x10^23 ó H= 3.3255254x10^23 átomos de hidrógeno. Como la proporción de átomos de hidrógeno respecto de oxigeno es 2 a 1, el número de átomos de oxigeno será la mitad de la de átomos de hidrógeno, luego O= 1.66627627x10^23 átomos de oxígeno. https://es.quora.com/Cu%C3%A1ntos-%C3%A1tomos-hay-en-una-sola-gota-de-agua

trata, por tanto, de una precisión cercana al absoluto. De hecho, el comité de científicos que se encarga de determinar con extrema precisión las magnitudes físicas (CODATA[70]), con sede en París, trabaja en sus determinaciones sólo con los primeros 32 decimales de π, que son 17 más de los que usan los ingenieros aeroespaciales (15), para dirigir y controlar el vuelo de sus naves por el espacio. A partir de esos mismos 15 primeros decimales se puede calcular una circunferencia centrada en la Tierra que tenga un radio igual a nuestra distancia a la nave Voyager[71] con un error esperable de menos de cuatro centímetros.[72]

Pese a los abrumadores datos expuestos esta investigación se centrará en los doscientos primeros millones de decimales de π pues ni quince ni treinta y nueve decimales nos proveen de material suficiente para las determinaciones estadísticas que se pretenden. El estudio de los primeros doscientos millones de decimales de π nos permitirá extraer conclusiones provisionales que, después, será preciso aplicar a un proceso estocástico en el entorno de un infinito manejable a escala humana, para lo que elegiremos uno entre los muchos procesos estocásticos a nuestra disposición. Serviría el lanzamiento de una moneda al aire o de unos dados profesionales sobre un tablero de juego. Sin embargo, la ejecución manual de las tiradas, sean de moneda o dados, no permite reiterar la operación cientos, miles, millones de veces, de modo que habremos finalmente de recurrir a la

---

[70] https://codata.org/
[71]   22.909.417.919   km   del   Sol   en   junio   de   2021; https://es.wikipedia.org/wiki/Voyager_1
[72] Datos extraídos de "tecnologia-tecnoxplora" citada en la nota 1.

citada web angio.net en lo que respecta a los decimales de π, y después a una simulación informática de un generador de números pseudoaleatorios para comprobar si las conclusiones obtenidas a partir de π resultan compatibles con las obtenidas a partir del patrón que surja de tales números "pseudo", de los que cabe anticipar que darán lugar a cadenas de mayor extensión que las que apreciamos en π.[73]

Los decimales que estudiamos están formados por una dualidad no ambigua –par/impar–, y empezaremos por una muy modesta representación de los mismos, los cincuenta primeros a partir de la coma que sigue al 3 inicial, y presento el resultado dividiendo con un espacio cinco tandas de diez elementos, con lo que resulta ser así[74]:

1415926535 8979323846 2643383279 5028841971 6939937510

El batiburrillo de dígitos no parece revelar ninguna característica evidente de lo que pudiéramos llamar, a nuestros efectos, patrón aleatorio de π. Y menos aún si ampliáramos el

---

[73] En el Anexo nº II al final de este ensayo, aparecen cinco capturas de pantalla del output del programa CADPI con argumento de cien a un millón de reiteraciones (bucle) donde comprobamos algo que se repetirá: que los números pseudoaleatorios producen cadenas que alcanzan las catorce reiteraciones debido a su degradado patrón de aleatoriedad.

[74] Al ser una atribución meramente instrumental y arbitraria me permito atribuir al 0 el carácter de par para contar con cinco pares y cinco impares. Tal arbitrariedad desaparecerá cuando apliquemos los datos a un juego estocástico en que el cero veremos que tiene una consideración especial que nada tiene que ver con que sea par o impar, pues no es ninguna de las dos cosas.

número y viéramos una página llena por completo de dígitos[75] hasta 1000, 2000 y, no digamos si se alcanzan los 100.000 o más. Lo único llamativo en nuestro caso es que haya entre 50 dígitos 18 pares y 32 impares, y entre ellos destaca la presencia de tres parejas: de treses, de ochos y de nueves. En la siguiente figura elimino el espacio que separaba los grupos de diez elementos y coloreo las citadas parejas:

14159265358979323846264338327950288419716939937510

Resulta relevante el hecho de que entre el caos aparente surgen formas aproximadas de orden constituido por agrupaciones de dígitos pares o impares. Hay tres impares seguidos en las posiciones 3-5, dos pares en las posiciones 6-7, seguida de tres impares (8-10), cuatro impares (12-14), seis pares (18-23), dos impares (24-25), tres impares más (29-31), cinco pares (32-36)[76], cuatro impares (37-40) y, mucho más llamativo, ocho impares (42-49) seguidos de un cero que completa la secuencia. La estricta alternancia par/impar se convierte en la excepción, dándose sólo dos sucesiones IPIP en las posiciones 15-18 y 25-28, y una sola PIPI en las posiciones 26-29. De cincuenta dígitos estudiados encontramos que están agrupados cuarenta, el 80% del campo estudiado.

Sigue pareciendo una sucesión aleatoria de números que nada nos dicen. Pero si coloreamos los números pares y los impares que forman la cadena el aspecto pasa a ser bien distinto:

---

[75] En la página nº 4, antes del índice, puede ver el lector una concentración de los 1500 primeros decimales del número π.

[76] Ver nota nº 74 en relación con la arbitraria estimación del cero como par.

1415926535897932384626433832795028841971 6939937510

Aparecen, como vemos, números aislados, precedidos y seguidos de números de signo contrario, como es el 4 situado en segundo lugar de la cadena, precedido y seguido de un impar. El resto son unas muy perceptibles cadenas de pares o impares agrupados en formaciones que van desde dos hasta ocho elementos, como es el caso los ocho impares situados justo al final, antes del cero que cierra la composición. Y resulta evidente que hay más impares que pares, impresión que se ratifica contándolos: hay 32 impares y 18 pares, cantidades muy alejadas del esperable resultado en torno a 25/25. Es una "anomalía" propia del escaso número de dígitos considerados[77]; si fueran 1000 difícilmente se daría la paridad 500/500 pero la desproporción disminuiría notablemente, y proyectada al infinito tendería a cero. Lanzo en este momento el programa CADPI para que ejecute un bucle de 1000 y el resultado es que hay 478 pares y 491 impares, y lo que resta hasta 1000 son ceros; la diferencia entre los grupos dicotómicos se reduce a 13, lo que apunta ya, de forma tan temprana, a la tendencia a cero que se evidenciaría si continuáramos con la simulación hasta alcanzar cifras no millonarias sino billonarias o más.

---

[77] Debemos acostumbrarnos a la distinción entre el azar de los grandes números y el que se da en los pequeños números, distorsionado este último respecto de los resultados que se van estabilizando en el terreno de los grandes números. Véase ANEXO II.

Era fácil suponer que el azar no nos iba a ofrecer una mera sucesión alternante par/impar pues eso no sería una muestra de azar sino de patrón, como la siguiente:

IPIPIPIPIPIPIPIPIPIPIPIPIPIPIPIPIPIPIPIPIPIPIPIPIP

Lo que nos da, sustituyendo los números impares por una I y los pares por una P, ambas mayúsculas, es lo siguiente:

IPIIIPPIIIPIIIIPIPPPPPPIIPIPIIIPPPPPIIIIPIIIIIIIIP

Lo que en la primera figura es orden en la segunda se convierte en franco y aparente desorden, tanto mayor cuanto más larga sea la cadena de pares o impares. Singularmente llamativa es la columnata que forman las Íes a la derecha de la composición y los grupos de cinco y ocho Pes de entre la mitad y el final de la misma.

A continuación vemos
       las cifras de los cincuenta primeros decimales coloreadas
       la representación de la serie representados impares con 1 y pares con 4

1415926535 8979323846 264**3383279** 50**2884**1971 6939937510
1411144111 4111141444 4441141411 1444441111 4111111114

Dado que entre 50 cifras aleatoriamente generadas aparecen cuarenta ordenadas como repeticiones de pares e impares desde dos hasta ocho elementos, cabría pensar que el caos no es tan caótico como usualmente aceptamos: 40 sobre 50 supone un 80% de orden, apartado por completo de esa mera alternancia par/impar que cabía esperar. Encontramos igualmente que el límite que se da en las cadenas que surgen de los decimales de π aparece aquí respetado y reafirmado: en los 200 primeros millones de decimales todos los dígitos alcanzan a agruparse en cadenas de ocho elementos y sólo los dígitos del 6 al 8 forman cadenas de nueve, y de diez elementos no las forma ningún dígito presente en los decimales de π[78]. Se trata ya de resultados contrastados en una muestra de doscientos millones de dígitos: en cincuenta cifras al azar hay un 80% de caos ordenado que, por otra parte, no desborda la cadena de extensión del nivel 8.

¿Caos que genera cierta forma de orden? La mera sugerencia de un caos ordenado resulta en principio perturbadora para cualquier mediano observador de la existencia y esencia del azar, pero los hechos, en el caso de los primeros decimales de π, así lo sugieren.

Lo más significativo es el hecho de que entre los primeros cincuenta decimales de π encontremos una sucesión de ocho impares, -el 16% de la totalidad de los dígitos concernidos- lo que conduce a analizar en su totalidad los doscientos primeros millones de decimales a nuestra disposición y determinar si existe un límite a tal agrupación de resultados, pues sólo cabe concluir de lo ya expuesto que en un juego estocástico que sólo

---

[78] En el Anexo nº II al final de este ensayo, aparecen cinco capturas de pantalla del output del programa CADPI con argumento de cien a un millón de reiteraciones (bucle) donde comprobamos algo que se repetirá: que los números pseudoaleatorios producen cadenas que alcanzan las catorce reiteraciones debido a su degradado patrón de aleatoriedad.

presente una alternancia básica no ambigua de dos valores sí/no, cara/cruz, par/impar, blanco/negro, pasa/falta, etc., todo lo más que se puede determinar no es lo que el azar hará en una próxima jugada sino lo que el azar no hará, lo que exige abandonar la consideración de si el azar tiene o no memoria e indagar en la existencia de límites en el obrar teóricamente libérrimo de la moneda lanzada al aire o de la bola puesta a girar sobre la ruleta. Si en sólo cincuenta dígitos hemos encontrado una agrupación de ocho impares, ¿encontraremos cadenas más largas en esos doscientos primeros millones de dígitos?

Tal cosa es la que vamos a estudiar en el apartado siguiente.

Agrupaciones de dígitos

La página web en que estoy realizando la búsqueda ofrece los resultados de su propia investigación sobre los mismos decimales, y constata que existe una probabilidad del 100% de encontrar en los primeros 200 millones de decimales de π cualquier cadena situada entre dos y cinco cifras; de las cadenas de seis cifras apunta a una probabilidad "nearly 100%", que pasa a ser del 99.995% para el caso de las de siete cifras, 63% para las de ocho, 9.5% para las de nueve, 0.995% para las de 10 y 0.099995% para las de 11[79].

Por mi parte, identifico una distribución de dígitos contraria a la intuitiva y previsible *alternancia* levemente distorsionada (la pura alternancia ya no sería azar sino patrón), representada

---

[79] https://www.angio.net/pi/whynotpi.html

por la aparición de agrupaciones de cifras en el campo estudiado.[80]

Las agrupaciones 2, 3, 4, 5, 6, 7 y 8 elementos desde el 0 hasta el 9 aparecen entre los decimales del campo estudiado y se repiten con asiduidad[81], con la más que previsible mayor dispersión y distancia entre apariciones a medida que se incrementa la extensión de las cadenas.

La agrupación de ocho ceros aparece por primera vez en pos. 172.330.850, con una sola reiteración en pos. 184.688.988. La de unos tiene una primera aparición en pos. 159.090.113 y una reiteración en 199.394.970, más una entre la primera y la última. Las de doses y treses aparecen una sola vez (pos. 175.820.910 y 36.488.176), la de cuatros aparece en pos. 22.931.745 y una más en pos. 65.122.865. La de cincos aparece una sola vez (pos. 168.743.355). La de seises aparece una sola vez (pos. 45.681.781. La de sietes aparece en pos. 24.658.601 y dos veces más. La de nueves sólo aparece una vez en pos. 66.780.105.

En cuanto a las agrupaciones de nueve elementos, de cero hasta cinco no aparecen en el campo estudiado. Sí encontramos nueve seises en pos. 45.681.781, nueve sietes en pos. 24.658.601 y nueve ochos en pos. 46.663.520, ambos sin reiteración, y la de nueves no aparece.

---

[80] Lógicamente, excluyendo el 3 inicial de π por no ser decimal. En adelante la posición se abreviará como "pos.".

[81] Los tediosos resultados pormenorizados aparecen en el ANEXO I al final de este libro, página 90.

Por su parte, las agrupaciones de diez elementos no aparecen en ningún dígito del cero al nueve.

En resumen, el añadido sucesivo de una sola cifra a la agrupación conduce al retraso en la aparición, a la disminución del número de apariciones y, en algunos casos, a la imposibilidad de encontrar ejemplos en alguno de los dígitos utilizados como argumento. Se confirman, por tanto, todas las tendencias apuntadas.

Si las agrupaciones de ocho elementos hemos visto que parecían alcanzar el límite de la capacidad de los decimales de π para producir determinadas reiteraciones, las de nueve elementos desbordan dicha capacidad, pues del 0 al 5 no aparece ninguna, sí las del seis al ocho y en ningún caso la de nueves.

Alcanzado este punto y comprobado que del 0 al 5 no hay agrupaciones superiores a ocho dígitos, dándose sólo desde el 6 al 8, ambos inclusive, y comprobado en angio.net que ninguno de los dígitos ofrece agrupaciones de diez elementos, podemos concluir que en el campo estudiado el límite de agrupación de elementos iguales se sitúa en un máximo de ocho, sólo parcialmente en las de nueve elementos y ninguna en la extensión diez.

Aplicado lo anterior al lanzamiento de moneda y a cualquier otro resultado aleatorio de variables independientes, el máximo de reiteraciones en tal tipo de juegos se ha de situar en ocho, y en nueve sólo de forma excepcional entre los dígitos seis al ocho, siempre que nos movamos en el ámbito de la aleatoriedad según el patrón que surge de π. Hay, por tanto y de forma provisional, límites a lo que el azar puede hacer dentro de una nada despreciable cantidad de datos considerados, luego podemos determinar en una ínfima parte aquello que el azar ni hace ni puede hacer dentro de tal campo si seguimos el patrón que surge de los primeros doscientos millones de los decimales de π.

Una vez sabido lo anterior lo que procede cuestionar es el sentido de atribuirle al azar memoria o desmemoria si de forma misteriosa comprobamos cómo al llegar a la cadena de extensión ocho elementos produce agrupaciones de todos los dígitos, del 0 al 9, y a partir de ahí ya sólo los produce de los dígitos 6 al 8. Ignoramos el mecanismo por el que el azar que surge de π obra de tal modo, no sabemos si en alguna parte – suponiendo que el azar tenga partes separadas- tiene, como tienen todos los programas de ordenador, variables que se incrementan según va apareciendo el valor previamente asignado (LET I=I+1)[82] y se le va sumando una unidad cada vez que aparece un impar entre los dígitos que forman los decimales de π. Para ser efectivo el conteo y ordenar la detención de los incrementos una vez alcanzado el tope de 8 o 9 elementos, en alguna parte debería haber algo parecido a un bucle FOR NEXT que, alcanzado el tope establecido para su operatividad, dé por concluido el bucle y pase directamente a generar un número par. No sabemos nada a este respecto pero sí sabemos que en los primeros doscientos millones de decimales de π sólo los dígitos 6, 7 y 8 generan cadenas de nueve elementos mientras que las cadenas de los demás dígitos detienen su crecimiento una vez alcanzan la extensión de ocho elementos.

---

[82] Hay otras formas de conseguir el mismo resultado como la sentencia WHILE …WEND o la estructura IF X=> THEN…

Que lo anterior se deba a que el azar sí tiene memoria es una propuesta tan inconsistente como la contraria, que en este ensayo se discute tenazmente. Nada sugiere –y mucho menos exige- que el azar tenga o no tenga memoria, simplemente se puede afirmar que en el espacio estudiado la forma de actuar de π es esta y la respuesta a un hecho tan sorprendente no puede ser negar a π la memoria ni tampoco atribuírsela. Ignorando como ignoramos la naturaleza de π y cuál es la forma en que adopta sus decisiones y, más misterioso aún, la forma en que obliga a la bola de una ruleta a no producir series de dígitos mayores de nueve elementos, lo único que aparece ante nosotros es la necesidad de estudiar más concienzudamente la realidad π y esperar que alguna línea de investigación nos vaya desvelando secretos que nos lleven a nuevas preguntas que, a su vez…

Así se ha construido toda la ciencia que conocemos y sabemos que la tarea consiste en pensar, repensar, debatir, someter a revisión por pares, etc., etc., etc. También influye favorablemente la suerte y lo que en español llamamos serendipia pero ese es un asunto a estudiar aparte.

Números naturales

La mera reiteración de diez elementos tomados desde dos hasta nueve poco nos dice de los límites del azar según la finalidad anticipada en las primeras páginas: se trata de determinar lo que el azar no hará. Procede, por tanto, añadir a la reiteración simple de dígitos un plus de complejidad que nos permita formular preguntas muy concretas sobre el azar. Empezaremos con la sucesión de números naturales.

En cuanto a los números naturales encontramos la sucesión 12 por primera vez en pos. 148 y se repite abundantemente, igual que 23, 34, etc.

La sucesión de tres dígitos -123- demora su aparición hasta pos. 1.924, espaciándose por miles a partir de ahí. La 1234 demora mucho más su primera aparición –pos. 13.807– a la vez que espacia en decenas de miles su reiteración, tendencias que aumentan considerablemente conforme introducimos más y más cifras con más y más sentido, aunque este sea tan simple como la mera sucesión de los números naturales; así, la sucesión 12345 no aparece hasta pos. 49.702, a la vez que aumenta el espacio entre las múltiples reiteraciones.

La sucesión 123456 no aparece hasta pos. 2.458.885 y a partir de ahí el espacio aumenta en intervalos crecientes. Casi nueve millones y medio de cifras (pos. 9.470.344) se demora la aparición del 1234567, ocurriendo diecinueve apariciones más hasta pos. 198.792.760, tras la cual desaparece. Sólo hay una sucesión de ocho elementos 12345678 en pos. 186.557.266, y en el campo estudiado no aparece la sucesión de diez componente del 0 al 9, tampoco la de nueve componentes del 1 al 9 y sí aparece la sucesión de ocho componentes 01234567 en pos 112.099.767, con una sola reiteración en pos. 197.090.145, de modo que la agrupación de dígitos iguales presentaba un límite de 9 y, una vez que los dígitos presentan un sentido nuevo -ir seguidos en la sucesión de números naturales-, rebaja el límite a ocho en el campo estudiado.

Fechas

La búsqueda de fechas en notación sajona (aaaammdd[83]) encontramos que un día como otro cualquiera, el 5 de febrero de 2020 (20200205), no aparece entre los 200 primeros millones de decimales de π. Sí aparece, sin embargo, 19541118, fecha de mi nacimiento, en pos. 44.930.908 sin ninguna otra repetición; el 14921012, fecha de la arribada de Colón a América, aparece en pos. 41.469.954, seguida de dos nuevas apariciones.

Tal como cabía esperar de lo que ya llevamos estudiado, las fechas expresadas con sólo 6 cifras–aammdd– aparecen, mientras que basta añadir una cifra para que su aparición se enrarezca -2020025 – y una más para que tal aparición no se dé más que en algunos supuestos y de forma escasa.

Cuadrados y cubos

Buscaremos ahora números relacionados de una manera más profunda, cuadrados y cubos, para comprobar si al azar le resulta más difícil producir sucesiones matemáticamente significativas que cadenas anodinamente aleatorias. Compruebo que cuando el "orden" responde a un argumento más significativo que la mera sucesión de números naturales o la expresión de fechas, las apariciones se hacen crecientemente más raras y espaciadas en su reiteración, si acaso ésta se da. El sentido encriptado en la cadena lo determina el espectador externo.

La sucesión de cuadrados 14916, de sólo cinco cifras, aparece y se reitera. También 1491625, de siete cifras, aparece en pos.

---

[83] Que es, sin duda, la mejor forma de nombrar archivos cuando recogen hechos que hay que ordenar por fechas.

20.579 y a partir de ahí se reitera en demasiadas ocasiones como para que resulte significativo consignarlas. Añadiendo el cuadrado de 6 se alcanzan los nueve dígitos 149162536 y ya no se encuentra entre los decimales de π, lo que parece indicar que lo verdaderamente significativo no es el argumento que liga a los dígitos sino la extensión de la cadena que forman. Como vimos anteriormente con las meras agrupaciones, cuyo límite superior era la extensión 8 y sólo en parte las de 9, no aparecen seguidos los cuadrados 149162536, que suman 9 dígitos, ni ninguna de las siguientes sucesiones de cuadrados 4916253649

En cuanto a cubos, la sucesión de los números 1, 2 y 3 seguidos de sus respectivos cubos (1128327), que compone un número de siete cifras, sí aparece, pero la misma sucesión añadiendo el 4 (1128327464), que ya alcanza las 10 cifras, no; ni siquiera suprimiendo el 1 y su cubo, que deja la sucesión en sólo ocho cifras, encontramos tal sucesión en la muestra estudiada. Damos, pues, con el número 7 como un primer límite aparente del azar ordenado según un patrón predeterminado, dos menos que los que vimos en las agrupaciones no significativas.

La sucesión de Fibonacci, con grandes implicaciones en ciencias de la computación, matemáticas, teoría de juegos y ciencias naturales[84], por ejemplo, y en el arte en muchas de sus

---

[84] En la Botánica ha dado lugar incluso a una especialidad científica, la Filotaxia, que estudia la distribución de las hojas en un tallo según giren 1/2, 1/3, 2/5 o 3/8 en torno al tallo. Puede consultarse este extremo online en *La sucesión de Fibonacci en la naturaleza de las plantas*, de Enamorado Báez, Santiago Miguel., http://isagoge.atspace.com/documentos/Archivo_isagoge5/LA_SUC ESION_DE_FIBONACCI_EN_LA_NATURALEZA_DE_LAS_PLAN TAS.pdf

manifestaciones, aparece en sus seis primeras cifras (011235) por encima de los ocho primeros millones de decimales, pero no aparece cuando le añadimos el siguiente término de la sucesión (11), que desborda la extensión séptima, aunque sí aparece, por encima de los primeros cien millones de decimales, con sólo quitarle un 1 y dejar el argumento reducido a sólo siete cifras.

Una vez más el número 7 se nos ofrece como límite para el azar cuando buscamos una sucesión aparentemente aleatoria de números dotados de un sentido que vaya más allá de la mera sucesión. Hay, por tanto, límites a lo que el azar puede hacer dentro de una nada despreciable cantidad de datos considerados, luego podemos determinar en una ínfima parte aquello que el azar ni hace ni puede hacer dentro de tal campo.

Es preciso considerar que no cabe descartar –al contrario, podemos afirmarlo con certeza- que en los primeros billones de decimales tal límite –y cualquier otro– será desbordado a medida que vayamos añadiendo millones de decimales al campo estudiado, extremo que es preciso investigar aunque los resultados se sitúen tan alejados de una probabilidad a escala humana como ocurre con la sucesión de veintiséis números negros seguidos que, como vimos, podemos simular dada la velocidad a la que trabaja un ordenador pero no cabe esperar que se dé en la práctica en casas de juego reales con jugadores reales y finitos. Todo lo que va más allá de una vida humana media lo podemos situar más allá también de un infinito abarcable.

Pi sobre Pi

Utilizando los primeros decimales de pi como argumento (141592653589793238 46) encontramos que la sucesión de veinte decimales da como resultado "we couldn't find your string in Pi", y así sucesivamente si quitamos uno, dos y hasta doce dígitos, pues sólo al alcanzar la extensión de sólo ocho decimales aparece en las pos. 191.525.093 y 198.003.320, además, obviamente, de la cadena que por sí mismos forman los dígitos del primero al octavo de dichos decimales.

Quitando un dígito al argumento aparece un total de treinta veces, y quitando otro más hasta dejarlo en una extensión de seis aparece 192 veces y 1891 con extensión de cinco.

Ocurre lo mismo con otro fragmento de los decimales de π, azaroso en sí mismo, de ocho dígitos de extensión (57811196), que también aparece tres veces y, sin embargo, 23 veces con argumento de extensión siete, 206 veces bajando el argumento hasta seis y 1992 veces con extensión cinco, lo que nos devuelve a la extensión de la cadena como límite para su localización en el campo estudiado.

"Hacer predicciones es muy difícil, especialmente cuando se trata del futuro"

Niels Bohr

Premio Nobel de física 1922

EPÍLOGO

Resulta quimérica, en cuanto fuera del discurrir normal de las cosas, la aspiración a conocer el azar y anticiparnos a sus manifestaciones, de modo que no se trata de saber lo que el azar hará, pues no está eso a nuestro alcance, sino determinar si, en algún aspecto, podemos anticipar con cierto grado ventajoso de esperanza probabilística lo que el azar no hará y, en muy contadas ocasiones, lo que el azar en modo alguno hará, y si en alguna parte, por ínfima que sea, el azar se encuentra con límites infranqueables a su discurrir que algunos creen ilimitado e incondicionado, y si ese ínfimo conocimiento lo podemos poner de nuestra parte en asuntos azarosos.

No hay registro histórico de ningún suceso estocástico que se haya perpetuado en uno de los dos resultados alternativos posibles, lo que nos enfrenta al polvoriento e insostenible asunto de la moneda *libérrima* que cae cuantas veces *quiere* de un lado y, a la siguiente vez, gira en el aire tan libre como las quinientas veces anteriores, según un asentado dogma de las matemáticas que se extiende hasta el extremo de plantear que una moneda puede arrojar cinco mil resultados idénticos y seguir siendo *libre* en el siguiente lanzamiento para repetir el resultado anterior.

Si entre los decimales de π y en atención al patrón estocástico que surge del propio π encontramos siete pares o impares seguidos, cualquiera, no sólo el jugador compulsivo que protagoniza la falacia del jugador, se siente fuertemente inclinado a creer que se va afianzando no la probabilidad sino la necesidad de que salga par en un momento que, según el patrón que surge de los doscientos primeros millones de decimales de π será, con certeza, a la octava o novena repetición. Por otra parte y apoyando lo anterior, no hay reflejo documental de ninguna serie estocástica que haya producido veinte pares o impares seguidos, y me refiero a sorteo nacional de lotería, de la ONCE, la loto, euromillones, etc., etc., etc.

En 2022 hubo en España 97.916 accidentes de tráfico[85] en los que al menos participó un vehículo de cualquier tipo; ¿Hay constancia de que la parte numérica de la matrícula de dichos vehículos terminara mayoritaria y significativamente en número par o impar? La misma pregunta cabe hacerse respecto del último número del dni de los conductores implicados. Son datos que, caso de producirse, darían lugar a investigaciones sociológicas y policiales y acabarían reflejadas en la prensa tal como ocurrió con la noticia de la supuesta serie de veintiséis números negros que supuestamente se dio en el casino de Montecarlo un determinado día de agosto de 1913. La ausencia de tales datos convive con publicaciones en que se sostiene que una moneda puede arrojar 50, 500 y hasta 5000 veces un resultado cara, o cruz, y seguir siendo *libre* de arrojar una nueva cara en el siguiente lanzamiento pues, al parecer, cualquier hecho azaroso pone el contador a cero y se reinicia en la siguiente ocasión en que se invoca al azar. El fundamento

---

[85]STATISTA accidentes tráfico España 2022

de tales afirmaciones, tan alejadas de una verdad demostrable, es el convencimiento en que están matemáticos y físicos de que el azar no lleva cuenta de lo hecho en el pasado y ante él se abre una realidad que ha hecho cierta esa antigua aspiración de la humanidad que Goethe acertó a describir para la eternidad: detente instante, eres tan bello.

Lo que sí podemos afirmar con certeza es que en los doscientos primeros millones de decimales del número π la máxima acumulación de resultados iguales es de ocho, y sólo respecto de los dígitos del seis al ocho encontramos cadenas de 9 elementos, y ninguna de diez en ningún dígito contenido en la serie. Queda para la segunda parte de este ensayo una doble tarea: confirmar los límites del azar estudiando otras series de resultados genuinamente estocásticos para asentar el límite de 8 y 9 sucesiones acumulativas o, por el contrario, alargar tal límite o acortarlo y, hecho esto, en la medida en que no podemos pedir a π que lo haga de nuevo para nosotros y nos regale otras series producidas según su estándar de aleatoriedad, estudiar cuantas series estocásticas estén a nuestro alcance y comparar sus patrones de aleatoriedad en la búsqueda incesante de los límites del azar, abandonada la exclusivamente teórica y no contrastada por los hechos, sucesión de 500, de 5000 resultados iguales entre sí, en un universo detenido en el tiempo, convertida en constante lo que ha de ser variable.

Quienes insisten en atribuir desmemoria al azar, convirtiendo en tozudez lo que debía ser diversidad, paralelamente atribuyen voluntad a objetos inanimados como una moneda o una bola de ruleta. La moneda que no tiene memoria ni voluntad sí está dotada de una libertad impropia de objetos inertes como para optar tozudamente por el mismo bando decenas, centenas, miles de veces consecutivas, pese a que la única referencia aproximada a series tales la encontramos en el fantasmal episodio del casino de Mónaco del 18 de agosto de 1913, que en modo alguno podemos dar por probado. Nunca se ha dado en ningún juego estocástico de variables independientes una sucesión de veintiséis terminaciones iguales seguidas, por más que sepamos que entre los ya conocidos billones de decimales de π se dan series como esa y mayores, que no se dan en la vida real.

Podemos, debemos estudiar las terminaciones pares o impares de infinidad de sorteos en todo el mundo y establecer, como en el caso de los decimales de π, sus límites de acumulación de resultados iguales. No lo hacemos porque está muy difundida y fuertemente asentada la creencia de que el azar es ese joven que se quiere a sí mismo *forever young*, donde se perpetúa, narciso indolente instalado en la quietud del más de lo mismo. Desmemoriado como un recién nacido, como un demente, cuanto ocurrió en el pasado nada tiene que ver con su conducta presente ni futura. Rota la diacronía de los sucesos, rota la razón profunda que los conecta y explica, nos abandonamos al caos como quien se abandona a las olas en la esperanza de que nos sean leves como lo fue la tierra para con los romanos.

No encontraremos *El Quijote*, ni ninguna otra obra por más que avancemos en la determinación de billones, trillones, cuatrillones de decimales del número π o de cualquier otra sucesión azarosa infinita, y, definitivamente, no habrá un equipo de monos analógicos ni virtuales que azarosamente reescriban las obras de Shakespeare. No se dará una sucesión

de veintiséis números negros en ninguna ruleta a menos que
se trate de una ruleta eficazmente trucada a tal efecto; y si no
es así, tendremos que contar con un equipo de humanos que
juegue en la misma mesa durante quince mil años seguidos sin
interrupción, y ello a título de mera hipótesis, sin certeza
alguna de que tan prodigioso suceso ocurrirá en dicho
periodo.

Se seguirá enseñando en las facultades de Matemáticas y Física
que el azar no tiene memoria, sin que tenga tal enseñanza otro
fundamento que la especulación propia del método escolástico
y no el respaldo del método científico, atento sólo a hechos
ciertos y contrastables, porque hace siglos los matemáticos
renunciaron a estudiar la realidad azar en sus manifestaciones,
en la misma medida en que sí han estudiado el tiempo, cuya
naturaleza no conocemos pero hemos aprendido a medir tras
un estudio riguroso y constante de sus frecuencias y de sus
contracciones debidas a la velocidad a la que viaja la materia.

La forma en que se enfrentan a este asunto los matemáticos y
la ciencia empírica en general parte de aceptar acríticamente y
sostener que el azar no tiene memoria[86], que si lanzamos una
moneda al aire y sale cruz, la siguiente vez que lancemos la
moneda las probabilidades se mantendrán inalterables: 50%
de que salga cara, 50% de que salga cruz, sin importar si han

---

[86] La búsqueda "El azar no tiene memoria" arroja 18.600.000
resultados en 0.25 segundos; una afirmación expresa del carácter
desmemoriado del azar la encontrará el lector en
https://www.gaussianos.com/no-los-experimentos-aleatorios-
independientes-no-tienen-memoria/

salido siete o setenta veces siete caras o cruces y, en general, cualquier resultado reiterado de una sucesión azarosa de variables no interdependientes. Y el fundamento alegado es que "la moneda no tiene memoria de lo que hizo en lanzamientos anteriores", haciendo a la cosa sujeto, fetiche de la orgullosa tozudez de la propia moneda y de la voluntaria renuncia al estudio por parte de científicos habituados a la reflexión y a la duda. ¿Acaso no saben hasta los niños que ni la moneda ni ningún otro objeto inanimado tienen memoria? De tal hallazgo extraen ellos una conclusión meramente apodíctica, pues su grado de verdad depende del valor que el lector atribuya a aquel que la profiera y sostenga, en circunloquio viciado del que no es capaz de salir, atado como está por su voluntaria ceguera ante lo infundado, lo arbitrario, lo no sometido a experimentación esclarecedora.

Quien sostiene que no sea dado afirmar que el azar no tiene memoria no por ello sostiene que sí la tiene, pues tan infundada e inconsistente es la negación como la afirmación al respecto. Pero sí sabemos que el azar, de forma inevitable, acaba rompiendo la ordenada monotonía de una moneda que lanzada al aire sucesivamente da como resultado siempre cara o siempre cruz, pues esa reiteración conforma un patrón ordenado y en la propia esencia del azar está la destrucción más o menos inmediata de todo atisbo de orden, dado que en caso de persistir la reiteración de caras o cruces el azar obedecería a una forma más de causalidad y resultaría, por tanto, previsible en todo o en parte.

El azar, en efecto, no tiene memoria ni ningún otro rasgo humano. El azar no es un ser como otro, no vive en ningún Olimpo desde el que dirige caprichosamente nuestras vidas. El azar no es persona física ni metafísica y no sabemos exactamente lo que es pero sí sabemos lo que no es: no es causal y ninguna de sus manifestaciones resulta necesaria y previsible con certeza antes de que se produzca; especular con sus aptitudes memorísticas exige atribuirle capacidades que tradicionalmente hemos asociado a los dioses, y el azar no es un dios como tampoco lo es el tiempo, aunque sí sean el uno y el otro dimensiones misteriosas en las que se enmarcan nuestras vidas sin que alcancemos a definirlas. La contumaz insistencia científica en la falta de memoria del azar ha conducido al asentamiento de tal dogma al modo teológico, dando lugar a que donde debió haber un estudio empírico de las expresiones del azar lo que encontramos es una afirmación voluntarista carente de cualquier apoyo elaborado al modo científico, es decir, inferida a partir de hechos. Tal afirmación o es fruto de la arbitrariedad o brota al modo de esas "ciencias" caracterizadas por el recurso a la deducción sin apoyo en datos ciertos. La astrología, precedente de la astronomía, es una de esas "ciencias" al margen de la ciencia caracterizadas por el no sometimiento al método usual en la producción científica, el estudio de los hechos y la posterior revisión por pares, que asegura que la comunidad científica avanza por un consenso tutelado por el conjunto de la comunidad y por la aplicación de los conocimientos que penosamente hemos conquistado hasta conformar el corpus de sabiduría que llamamos cultura.

Conocer el azar implica conocer el futuro, terreno tradicionalmente reservado a los dioses pues en la fe primitiva y en toda fe, los dioses predeterminan el futuro y controlan a su antojo el azar, y quien se adentra en tales determinaciones incurre en la *hybris* griega, la desmesura del hombre que quiere ser dios o se jacta vanamente de conocer la voluntad de cuantos dioses conservan hoy voltaje teológico y no han acabado, como suelen, en los sótanos del Museo Británico, desprovistos ya de fieles creyentes que son los que verdaderamente los mantienen con vida, pues tal parece que los dioses y la vida más allá de la vida fueran creaciones de los humanos espoleados por el miedo a la muerte que los aterroriza. Engreídos petulantes, tan importantes se creen que no imaginan el mundo después de ellos, sin ellos trascendidos y aún presentes, a lo que la socarronería popular responde que de imprescindibles están los cementerios llenos. Hubo un último creyente en Zeus, en Tyche, diosa del azar y del destino entre los griegos, en los romanos Júpiter y Fortuna y en otros miles, decenas de miles de dioses, si contamos con deidades de poblaciones menores extinguidas, muchas de ellas sin haber dejado rastro arqueológico alguno que nos permita identificar si albergaban ideas religiosas.

Si todo el mundo presente y futuro está escrito en los infinitos números decimales de π, entonces esos decimales vendrían a ser una imagen especular y codificada del universo, con todos sus escritos, su música, sus ruidos, colores y galaxias, y en tal caso los decimales de π aparecerían no como la consecuencia del mundo creado sino como el guion latente que se siguió para crear el universo: en su omnipotencia e infinita sabiduría alguien habría leído en esos decimales cuanto se había de hacer para dar lugar al cosmos y poner en marcha el tiempo o, alternativamente, una vez conocido todo lo creado, ese alguien habría encriptado en los decimales de π todo lo conocido y lo por conocer. Si el azar tiene en sí mismo codificado el pasado, el presente y el futuro entonces nos adentramos resueltamente en la metafísica: el azar es Dios y se expresa a través de un supremo algoritmo inalcanzable para la mente humana.

Volvemos, como ya vimos antes, al campo de la Teología, el único lugar en que tiene sentido la afirmación "el azar no tiene memoria" pues fuera de dicho espacio metafísico la frase carece completamente de sentido y de fundamento, siendo calificable de absurda tal como vimos que la define la RAE: dicho o hecho irracional, arbitrario o disparatado. Resulta irracional y arbitrario pues atribuye al azar la desmemoria, en el mismo plano en que se atribuye un único cuerno al Unicornio o las alas al mítico Pegaso. Y es disparatado afirmar que cabe una sucesión de resultados estocásticos iguales durante decenas, cientos, miles de veces, sin que estos se hayan producido jamás ni tengamos constancia documental de tal hecho.

¿Cuál es la naturaleza del azar? Es, en principio, el nombre que damos a nuestra ignorancia respecto de hechos y fenómenos inexplicables y caóticos. Apelamos al azar por su forma de influir negativa o positivamente en la vida del planeta y de sus habitantes, y lo llamamos suerte, infortunio, fatalidad, desgracia y otros apelativos vulgares. Más llanamente lo define como "voluntad de Dios" la mayor parte de los habitantes del planeta Tierra, en el que hay más de seis mil quinientos millones de creyentes que conviven con mil quinientos millones de agnósticos, dentro de los cuales aparece muy destacada la cofradía atea, algunos de los cuales, yendo un punto más allá de su incapacidad para resolver o soslayar las dudas, acaban de regreso al camino de la creencia, ahora convertida en un furibundo descreimiento.

El azar no es una fuerza de la naturaleza, no es una forma de energía ni una cualidad de la materia, como sí lo es la electricidad, ni un impulso reconocible. Lo más parecido al azar que conocemos es el tiempo, algo que jocosamente definió Einstein como "eso que miden los relojes", mientras la RAE lo define como "magnitud física que permite ordenar la secuencia de los sucesos, estableciendo un pasado, un presente y un futuro, y cuya unidad en el sistema universal es el segundo". Nada parecido nos dice sobre el azar, apuntando así a su doble desconocimiento sobre qué sea el azar y qué sea el tiempo, qué los desencadenó, por qué el tiempo viaja en una única dirección posible. Del tiempo podemos decir, como del azar, que continúa siendo un misterio excepto en lo que atañe a los horarios de trenes y autobuses, mientras que del azar la ciencia oficial cree saber una sola cosa, la inconsistente atribución de desmemoria.

También sabemos que el azar no sigue plan alguno, no persigue finalidad más allá de propiciar la supervivencia de quienes han sabido adaptarse a un entorno cambiante. Mas no cabe atribuir al azar voluntad alguna respecto a una especie elegida[87] ni a una forma determinada de civilización y cultura, habiendo surgido recientemente la apelación a un quimérico "diseño inteligente" como forma alternativa de explicar la evolución de la biología humana y de su cultura con fundamento en una suprema voluntad que encauzó el desarrollo de la misma en una muy concreta dirección. Entiendo que lo que se explica mejor y más simplemente por el transcurso de millones de años de mutaciones adaptativas no debe ser explicado mediante complejísimas determinaciones obedientes a una voluntad externa y

---

[87] *La especie elegida*, Martínez y Arsuaga, Ed. Destino, 2019. El título, de apariencia pretenciosa, resulta ser puro sarcasmo avanzado y no debe disuadir a nadie de leer esta obra imprescindible.

todopoderosa, obviando la forma en que progresa la evolución a base de hacer que sobrevivan los más adaptados –no siempre los más fuertes- y mueran los inadaptados, los débiles, los enfermos; si es esa la forma dispuesta por ese supuesto "diseño inteligente", resulta extremadamente difícil compatibilizarla con unos dioses misericordiosos, buenos y justos, a la vez indolentes hasta el extremo de haber dejado en manos de los mortales el cuidado de los débiles, de los ancianos, de los enfermos y, en general, de aquellos destinados por la naturaleza a morir para que sobrevivan otros.

¿Es el azar un impulso sobrenatural? En absoluto podemos creer que el azar siga sujeto a los caprichos de un dios o de las siniestras Parcas griegas en lo referente a la azarosa duración de nuestras vidas. Al azar lo sabemos presente en nuestra vida y cuanto más sabemos de nosotros, los humanos, más evidente aparece la importancia capital que el influjo del azar tiene en el hecho de que seamos –y por ello pensemos- tal como somos y pensamos pues, en contra de la escasamente discutida afirmación de Descartes –otro momento marketing de difícil desmontaje- , entiendo que no somos porque pensamos sino que pensamos porque previamente somos, y por qué somos es una pregunta sin respuesta desde la ciencia, como lo es el hecho de por qué hay algo en vez de nada, tal como resultaba más previsible hasta que advino la realidad, nos arrolló y nos sigue arrollando a diario hacia un destino incierto y, en ocasiones, amenazador. Vivimos a ese respecto en una dinámica que describen mejor los poetas que los científicos: *Ducunt volentem fata, nolentem trahunt*[88].

---

[88] *Conduce el destino a quien se deja, al que no, lo arrastran*, Lucio Anneo Séneca, Córdoba 4 a. C.-Roma, 65 d. C.

¿Es el azar un fenómeno paralelo al tiempo? ¿Representa, por así decirlo, una expresión secuencial del tiempo expresado en cifras y meticulosa y entrópicamente desordenado respecto del monótono tic-tac que siguió al Big Bang? Sólo a título de conjetura cabe imaginarlo así, en una imagen más plástica que racional o lógica.

Si no es una fuerza ni un impulso, si no es un ente de origen sobrenatural ¿Qué es el azar? ¿En qué lugar lo situamos dentro de la realidad que nos rodea y en la que interviene de forma determinante? ¿Y por qué hay quien se arroga la posibilidad de decir si tiene memoria o no? ¿Acaso lo conocen? Y si es así, ¿Por qué no nos dan más detalles sobre las costumbres del azar? ¿Porque han agotado la inventiva al respecto?

Desde tal desconocimiento, sin comprobación empírica alguna ni demostración científica al uso, matemáticos y físicos insisten en sostener que el azar no tiene memoria, una solución próxima a los usos teológicos en cuanto alejada de las exigencias científicas. Al respecto obran los científicos como Tomás de Aquino en la *Summa Theologica*, ejemplo paradigmático del pensamiento deductivo. Ya hemos visto las inasumibles y disparatadas consecuencias que alcanzó, y ello con cita de hombres, él mismo incluido, aún respetados por sus aportaciones a la cultura.

La ruptura definitiva entre ciencia y religión quedó plenamente consumada a lo largo del Siglo XX en el ámbito europeo y conllevó la pérdida de cualquier forma de reconocimiento a afirmaciones como las expuestas, y con ellas decayó igualmente la fe en el método deductivo como forma de obtención de conocimiento, reducido hoy al ámbito de la teología y disciplinas similares, todas ellas situadas extramuros del método científico.

Entiendo, por tanto, que a falta de una demostración desde el campo científico y al modo propio de la ciencia que acredite la verdad de tal aserto, el mantra según el cual el azar no tiene memoria ha de decaer, y no puede ser sustituido por el mantra contrario –el azar sí tiene memoria- sino por un nuevo enfoque, una nueva perspectiva que nos oriente sobre el objeto de la investigación: la pregunta no ha de ser si el azar tiene o no memoria sino si el azar tiene límites que no puede trasgredir.

¿Cuáles son los límites del azar a la hora de repetir un resultado plenamente azaroso como lo es el lanzamiento de una moneda o de una bola de ruleta? Series aleatorias las hay a cientos: estudiémoslas.

Agradecimientos

Mis hijos siempre han estado ahí, y ahora también mis nietos. Cuanto hago a ellos se remite.

Santiago, el gran amigo que me llegó en la madurez, empezó a corregir la primera versión. Forjado por tipógrafos cenetistas, resultó implacable: con pocas y rectas correcciones me encaminó a una exposición que yo quería clara y pulcra.

José Antonio Pérez Bastida, el mejor alumno que tuve, me ha dedicado un apoyo entusiasta en todo el curso de la escritura de este ensayo: como Santiago, me ratificó en aciertos y me libró de errores.

Gerardo Landrove Díaz, maestro y amigo, reorganizó mi cabeza y me hizo al modo académico de pensar, escribir y argumentar, tanto da si se trata de Derecho Penal como si es de algo tan fuera de nuestro mundo compartido como el número π y sus decimales.

Y a ti, lector o lectora, que contra lo que yo esperaba has llegado hasta aquí, mi agradecimiento más sincero.

ANEXO I

Agrupaciones de dígitos

Agrupaciones de 2

La agrupación de dos ceros aparece en pos. 307, 360, 601 y 855, apareciendo de forma constante hasta alcanzar el límite del campo estudiado.

La agrupación de dos unos aparece en pos. 94, 153, 174 y 362, apareciendo igualmente de forma reiterada hasta alcanzar el límite del campo estudiado.

La agrupación de dos treses aparece en pos. 135, 185 y 484, apareciendo de forma constante hasta alcanzar el límite del campo estudiado.

Las agrupaciones de dos cuatros, cincos, seises, sietes, ochos y nueves aparecen todas tempranamente y se repiten profusamente a lo largo del campo estudiado.

Agrupaciones de 3

Las agrupaciones de tres elementos del 000, 111, 222 –esta última en la posición 1.735 de la sucesión-, 333 –pos. 1698-, 444 –pos. 2707-, 555 –pos. 177-, 666 –pos 2.440-, 777 –pos. 1.589-, 888 –pos. 4.751– y 999 –pos. 762- aparecen todas ellas y se repiten muy asiduamente.[89] Dichas ternas se repiten, sin excepción, entre los dígitos 0 y 9. Es la agrupación de 8 treses la que más demora su aparición (pos. 4.571).

Agrupaciones de 4

Hay grupos de cuatro elementos desde el 0 hasta el 9 con dispersión y creciente distancia entre apariciones: el 0000 (pos.

---

[89] La posición 762 es conocida como "punto Feynmann", consistente en una sucesión de seis nueves, de modo que las primeras agrupaciones de 3, 4, 5 y 6 nueves coinciden en este punto, así llamado como homenaje al refinado y espléndido humor que desplegó en su vida privada y profesional Richard (Dick) Feynman. Se trata de los "decimales de π entre las posiciones 762 y 767, que consiste en una séxtuple repetición del número 9" (Wikipedia). Feynman dijo en alguna ocasión que le gustaría aprender hasta el decimal nº 767 para recitarlos y, al llegar al 762, permitirse la reiteración "nine, nine, nine, nine, nine, nine." El laureado y genial Feynman tocaba los bongós en bares de mala reputación y es el único premio Nobel que conocidamente ha desfilado en el sambódromo de Rio de Janeiro tocando instrumentos de percusión (el *pandeiro* y la *frigideira*, una pequeña sartén). El punto Feynman ha de ser considerado una divertida excentricidad menor en la apasionante vida de este científico cuya autobiografía, dispersa en varios libros, resulta altamente recomendable como aproximación al científico real y divertido que fue, alejado del arquetipo a olvidar del sabio barbudo y gruñón. Declarado no apto para el servicio militar por incapacidad mental (¿), participó, sin embargo, de forma muy activa, en el Proyecto Manhattan. *El placer de descubrir* (Drakontos) y *¿Está usted de broma, Sr. Feynman?* (Alianza Editorial) constituyen una muy buena, divertida y recomendable introducción a Feynman.

13.390), el 1111 (pos. 12.700), el 2222 (pos. 4.902)[90], más allá de la 28.000 aparece el 3333 (pos. 28.467), 4444 (pos. 54.525), 5555 (pos. 24.466), 6666 (pos. 21.880), 7777 (pos. 1.589), 8888 (pos. 4.751) y 9999 (pos. 762).[91]

En este caso es el 4444 el que más se demora en su primera aparición (pos. 54.525).

Agrupaciones de 5

En pos. 17.534 aparece una agrupación de cinco ceros, la siguiente se aleja hasta pos. 211.058, poco más allá aparece de nuevo (pos. 215.287) y la tercera alcanza pos. 652.115. Otro tanto ocurre con la agrupación 11111, pos. 32.788, seguida de las 120.459 y 141.899. De las siguientes, desde 2 a 9, encontramos datos muy similares, excepto la agrupación 44444, que retarda su primera aparición hasta pos. 808.650, y 77777, que aparece por primera vez en pos. 162.248, seguida de pos. 283.693, 322.347 y 399.579, continuando de forma similar hasta el agotamiento del campo de estudio.

Agrupaciones de 6

La primera sucesión de seis ceros (000000) se encuentra en pos. 1.699.927, 111111 (pos. 255.945), 222222 (pos. 963.024), 333333

---

[90] Todas estas determinaciones las puede comprobar el lector en la antes citada https://www.angio.net/pi/bigpi.cgi, interesantísima, fiable y, por encima de todo, amable y divertida de cara a su uso por cualquiera. En adelante ya sólo se citarán las posiciones que resulten especialmente significativas en relación con las ya expuestas.
[91] Véase nota 17.

(pos. 710.100) y en términos similares acontecen las apariciones de los grupo 444444, 555555, 666666, 777777, 888888 y 999999.

Agrupaciones de 7

Las agrupaciones de siete elementos, desde el 0 hasta el 9, se dan todas ellas

La primera agrupación de siete ceros aparece en la posición 3.794.572 y a partir de ahí se distancian (13.310.436, 28.970.114 y 43.439.794) hasta alcanzar la pos, 194.733.126.

Mayor es la dispersión de la agrupación de siete unos, con una primera aparición en pos. 4.657.555, la siguiente en pos. 42.408.103, acabando en pos. 199.394.968.

En el caso de la agrupación de siete doses la primera aparición se produce en pos. 82.599.811 y, tras ocho apariciones más, la última se da en pos. 176.316.186. La agrupación de siete treses aparece por primera vez en pos. 710.100, aparece dieciséis veces más y deja de aparecer más allá de pos. 198.084.086. La de cuatros aparece en pos. 17.893.953 y tras diecisiete apariciones deja de hacerlo a partir de pos. 199.439.194. La agrupación de siete cincos debuta en pos. 3.517.236 y tras trece apariciones más desaparece del campo en pos. 197.720.924. La de seises aparece por primera vez en pos. 8.209.165 y tras veintitrés apariciones desaparece en pos. 198.303.206. En pos. 3.346.228 aparece por primera vez la agrupación de siete sietes y tras veinte apariciones desaparece en pos. 175.962.559. Algo similar ocurre a la de ochos, con una primera aparición en pos. 4.722.613 y tras catorce apariciones desaparece en pos. 185.196.731. Finalmente, la de nueves aparece por primera vez en pos. 1.722.776 y tras dieciséis apariciones aparece por última vez en pos. 196.790.274.

Agrupaciones de 8

La agrupación de ocho ceros aparece por primera vez en pos. 172.330.850 y tras una sola reiteración en pos. 184.688.988 desaparece.

Otro tanto ocurre con la de unos, que con una primera aparición en pos. 159.090.113, desaparece en pos. 199.394.970 con sólo otra reiteración entre la primera y la última citadas. Resultado similar en el grupo de treses: primera y única aparición en pos. 175.820.910.

La agrupación de cuatros insiste menos en lo tardío de su aparición (pos. 22.931.745) pero más en la escasez: una sola reiteración en pos. 65.122.867.

La de cincos arroja una sola aparición en pos. 168.743.355.

La agrupación de seises debuta en pos. 45.681.781 y tras cuatro apariciones desaparece en pos. 160.301.329.

La de sietes aparece por primera vez en pos. 24.658.601 y reaparece una sola vez en pos. 82.144.205.

La de ochos sólo aparece una vez en pos. 46.663.520, y lo mismo ocurre con la agrupación de ocho nueves, que encontramos en pos. 66.780.105 sin ulterior reiteración.

Agrupaciones de 9 elementos

Del 0 hasta el 5 no aparece ninguna agrupación de nueve dígitos.

Sí encontramos nueve seises en pos. 45.681.781 sin ulterior repetición, otros tantos sietes en pos. 24.658.601, igualmente sin reiteración, una aparición más en solitario de nueve ochos en pos. 46.663.520 y nueve nueves en pos. 66.780.105, sin ulterior repetición.

ANEXO II

Las cinco capturas de pantalla responden a la ejecución del programa CADPI (abreviatura de "cadenas pares impares") que con variables crecientes desde BU100 a BU1.000.000 en un bucle FOR NEXT, arrojan un resultado consistente en número de pares, número de impares, número de ceros y tipo y extensión de las cadenas detectadas durante la ejecución del bucle.

Lo que verdaderamente importa en este ensayo es la extensión de las cadenas detectadas, que solo en los bucles 100 y 1000 se mantienen dentro de los límites encontrados en los doscientos primeros millones de π, pues en ninguno de tales bucles las cadenas detectadas superan la extensión 8, mientras que los bucles de 10000, cuyas cadenas alcanzan la extensión 10, 100000, con cadenas de extensión 14, y 1000000 cuyas cadenas igualmente alcanzan la extensión 14, superan en cinco puntos la máxima extensión alcanzada dentro de los doscientos millones de decimales estudiados del número π.

Los resultados expuestos confirman lo que anticipé: que la generación de números pseudoaleatorios produce cadenas más largas al presentar un patrón de aleatoriedad menos exigente y menos entrópico que el que descubrimos en π.

```
TOTAL PROCESADOS 100

PARES 55          IMPARES 43      ZEROS 2

CADENA DE 2           10          7
CADENA DE 3            1          2
CADENA DE 4            3          2
CADENA DE 5            1          0
CADENA DE 7            1          0

TOTAL NUMEROS PROCESADOS 100

ENCADENADOS          75          75.00%
AISLADOS             23          23.00%
ZEROS                 2           2.00%
Ok
```

BU100

```
TOTAL PROCESADOS 1000

PARES 502          IMPARES 467     ZEROS 31

CADENA DE 2            63        57
CADENA DE 3            25        33
CADENA DE 4            18        21
CADENA DE 5            12         3
CADENA DE 6             1         0
CADENA DE 7             3         2
CADENA DE 8             1         0

TOTAL NUMEROS PROCESADOS 1000

ENCADENADOS           694       69.40%
AISLADOS              275       27.50%
ZEROS                  31        3.10%
Ok
```

BU1000

```
TOTAL PROCESADOS 10000

PARES 4875        IMPARES 4854   ZEROS 271

CADENA DE 2        570        543
CADENA DE 3        326        354
CADENA DE 4        183        183
CADENA DE 5         79         83
CADENA DE 6         16         18
CADENA DE 7         13          3
CADENA DE 8          4          0
CADENA DE 9          0          2
CADENA DE 10         1          0

TOTAL NUMEROS PROCESADOS 10000

ENCADENADOS        6916        69.16%
AISLADOS           2813        28.13%
ZEROS               271         2.71%
Ok
```

BU10000

```
TOTAL PROCESADOS 100000

PARES 48721     IMPARES 48711                    ZEROS 2568

CADENA DE 2      5559      5582
CADENA DE 3      3246      3272
CADENA DE 4      1778      1785
CADENA DE 5       889       864
CADENA DE 6       178       176
CADENA DE 7        79        81
CADENA DE 8        27        16
CADENA DE 9        14        26
CADENA DE 10        1         1
CADENA DE 11        1         0
CADENA DE 14        0         1

TOTAL NUMEROS PROCESADOS 100000

ENCADENADOS     68846          68.85%
AISLADOS        28586          28.59%
ZEROS            2568           2.57%
Ok
```

BU100000

```
TOTAL PROCESADOS 1000000

PARES 487113    IMPARES 486104                    ZEROS 26783

CADENA DE  2     55582    55928
CADENA DE  3     32433    31848
CADENA DE  4     18313    18184
CADENA DE  5      8378     8337
CADENA DE  6      1865     1911
CADENA DE  7       845      930
CADENA DE  8       278      248
CADENA DE  9       151      138
CADENA DE 10        31       32
CADENA DE 11         3        2
CADENA DE 12         1        2
CADENA DE 14         0        1

TOTAL NUMEROS PROCESADOS 1000000

ENCADENADOS      688051           68.81%
AISLADOS         285166           28.52%
ZEROS             26783            2.68%
Ok
```

BU1000000